墨香财经学术文库

"十二五"辽宁省重点图书出版规划项目

Research and Practice of Characteristic Accounting Education in Local Universities

地方性大学会计学特色教育研究与实践

徐丽军 张佳悦 金永利 ◎ 著

东北财经大学出版社
Dongbei University of Finance & Economics Press
大连

图书在版编目（CIP）数据

地方性大学会计学特色教育研究与实践 / 徐丽军，张佳悦，金永利著.
—大连：东北财经大学出版社，2018.12
（墨香财经学术文库）
ISBN 978-7-5654-1557-9

Ⅰ. 地…　Ⅱ. ①徐… ②张… ③金…　Ⅲ. 地方高校-会计学-专业设置-研究-中国　Ⅳ. F230

中国版本图书馆CIP数据核字（2018）第287014号

东北财经大学出版社出版发行
　　大连市黑石礁尖山街217号　邮政编码　116025
　　网　　址：http://www.dufep.cn
　　读者信箱：dufep @ dufe.edu.cn
大连永盛印业有限公司印刷

幅面尺寸：170mm×240mm　字数：117千字　印张：9.5　插页：1
2018年12月第1版　　2018年12月第1次印刷
责任编辑：蔡　丽　周　慧　　责任校对：蓝　海
封面设计：冀贵收　　版式设计：钟福建
定价：38.00元

教学支持　售后服务　　联系电话：（0411）84710309

如有印装质量问题，请联系营销部：（0411）84710711

前言

随着经济社会发展和全球化进程的不断加快，我国社会对会计人才的需求日渐增加，但会计人员之间的竞争也越来越激烈，会计教育环境已发生了较大变化。地方性大学是承载本科教育的重要组成部分，是高等教育不可忽视的重要一环。这要求地方本科院校必须立足实际，加大会计学特色专业建设力度，以适应教育竞争和长远发展的需要。因此，从地方性大学会计学专业的生存和发展来看，研究地方院校本科会计学特色专业的建设显得尤为重要。

本书从研究的理论意义与现实意义着手，对我国现阶段会计人才需求、人才供给及就业前景和国内对地方性大学会计学专业建设研究的现状进行了充分的分析，在此基础上介绍针对地方性大学的会计学特色教育改革，同时跳出会计学传统定位，将管理学与经济学融合，探讨信息化背景下的会计学教改。为了达到上述研究目的，本书在借鉴国内外优秀的地方性大学会计学专业建设经验的基础上，明确了地方性大学会计学特色教育的内涵和特色教育的方法，并以沈阳大学会计学特色教育建设为例，剖析了具体实施路径、质量保障和评价体系的建设过程和建设内容、信息化教学建设的举措和具体实施方法，最后对沈阳大学会计学专业特色教育的实施效果和应用价值进行评测。

正如马克思所说，“经济越发展，会计越重要”，而会计人才的教育和培养是决定会计人才素质的关键因素，地方性大学作为高素质会计人才培养的重要基地，责无旁贷。因此，唯有立足于自身所处的地方优势和社会需求，发挥优势、办出特色，才能在激烈的高校竞争中获得一席之地，实现学校的可持续发展，本书在这方面的研究也仅仅是一次努力的尝试！

本书由徐丽军、张佳悦、金永利所著，具体写作分工如下：徐丽军负责制定全书的大纲，对全稿进行总纂和修改，并写作第 1、2 和 3 章；张佳悦负责校对全稿，并写作第 4、5 和 6 章；金永利负责全稿的审阅，并写作第 7 和 8 章。

受时间和水平所限，书中难免存在不足和争议之处，恳请读者批评指正，以便改进和完善。本书是辽宁省普通高等教育本科教学改革研究立项项目“基于地方性大学会计学特色专业建设的研究与实践”（项目编号：UPRP20140408）的研究成果，得到了辽宁省教育厅的资助，在此深表谢意。

作　者

2018 年 9 月

目录

第 1 章　研究背景与研究意义／1

1.1　研究背景／1

1.2　研究意义／9

第 2 章　国内外研究现状及本研究的创新点／14

2.1　国内外研究现状／14

2.2　本研究的创新点／17

第 3 章　地方性大学会计学特色教育的目标／20

3.1　特色教育的内涵及建设原则／20

3.2　会计学专业的特色教育目标／22

3.3　地方性大学的人才培养目标／23

3.4　地方性大学会计学特色教育的总体目标／24

3.5 地方性大学会计学特色教育的具体目标 / 26

第 4 章 地方性大学实施会计学特色教育的路径 / 35

4.1 会计学专业实施特色教育的基本原则 / 35

4.2 会计学专业实施特色教育的主要内容 / 36

第 5 章 沈阳大学会计学特色教育建设的实施路径 / 60

5.1 沈阳大学会计学特色教育建设的目标与原则 / 61

5.2 校企联合的培养模式改革 / 66

5.3 分方向人才培养方案改革 / 70

5.4 “双师双语”型师资队伍建设的改革 / 77

5.5 基于职业需求的实践教学体系改革 / 82

5.6 会计学专业群建设 / 95

5.7 开展创新创业教育 / 100

第 6 章 沈阳大学会计学特色教育的质量保障和评价体系建设 / 102

6.1 建立健全教学管理机制 / 102

6.2 质量保障措施 / 107

6.3 评价机制 / 111

6.4 反馈整改机制 / 116

第 7 章 会计学特色教育实践——以沈阳大学会计信息化教育建设为例 / 118

7.1 沈阳大学信息化实践教学举措 / 119

7.2 沈阳大学会计信息化教育的具体实施 / 123

7.3 原始凭证认知的会计信息化教学设计实例 / 127

第 8 章　沈阳大学会计学特色教育的实施效果与应用价值／132

8.1　沈阳大学会计学特色教育的实施效果／132

8.2　沈阳大学会计学特色教育的应用价值与社会贡献／139

主要参考文献／144

第1章　研究背景与研究意义

1.1　研究背景

1.1.1　中国地方性大学概况

根据教育部公布的全国高等学校名单，截至 2017 年 5 月 31 日，全国共有普通高等学校 1 243 所，开设 12 个学科门类、500 多个专业，其中开设会计学专业的学校为 632 所，占普通高等学校总数的 51%。

众所周知，地方性大学是本科教育的重要承载主体，也是高等教育最为重要的一环。据教育部统计，除国家重点扶持的“211”“985”高校和部分民办高校外，在我国现有高等学校中，地方性大学占全国本科高校总数的 83.9%。地方性大学的发展对地方经济乃至整个社会的发展都起到了至关重要的作用。然而，目前地方性大学数量多、资源少，面临着激烈的竞争压力。因此，只有立足于其自身的优势和社会需求，才能发挥优势、办出特点，在高校激烈的竞争中赢得一席之地，实现学校的可持续发展。

地方性大学的办学特色是其实现跨越式发展的必然选择。大学办学特色主要由如下四个要素构成：

①办学理念特色。地方性大学可以根据自身特点，确立具有前瞻性的办学理念，从而引导学校跨越式发展。

②办学定位特色。要想实现地方性大学的合理发展，必须对其进行科学的定位。

③学科、专业建设特色。地方性大学发展的优势充分体现在特色学科上，其可以根据自身优势充分发展某些重点学科，使之成为优势学科，并基于此不断发展与其相关的其他学科，形成完整的学科体系。

④人才培养特色。大学办得怎么样，最直接的体现便是人才的培养质量。大学特色的价值在于培养出具有独特创新能力的高素质人才。

1.1.2 我国现阶段会计人才需求情况

（1）我国会计人才需求预测

会计人才是我们人才队伍中不可或缺的一部分，是维护经济秩序、推动社会发展不容忽视的重要力量。

《会计行业中长期人才发展规划（2010—2020 年）》明确指出，我国会计人才发展的主要问题是缺乏高层次复合型会计人才，从而导致会计人才分布不合理。根据规划中的规模目标，至 2020 年会计人才资源总量增长 40%，按全国现有会计人员约 1 500 万人计算，需要新增会计人员 600 万人。根据计划的结构调整目标，到 2020 年，高级会计人才总数将增加 50%，高学历会计人员比例将达到80%，力争使高、中、初级会计人才比例达到10∶40∶50。为实现这一目标，我们需要增加约60万名高级会计人才。我国会计人才发展的战略目标是，打造会计人才的竞争优势，建设一支高质量、高水平、高素质、全球领先的会计人才队伍。

为满足经济社会发展的需要，首先，需进一步增加会计人才的数量，扩大其团队规模。其次，应注重提升会计人才素质，进一步优化其人才结构。接受高等教育的会计从业人员比例达到80%；接触过会计与审计实务、会计理论研究、会计管理等各类高级会计人才总数增长50%；各类初、中级会计人才应继续增加；力求高、中、初级会计人员在各门类中的比例达到10∶40∶50，会计人才的分布、水平和类别趋于合理。最后，达到会计人才的竞争优势加强，人才规模扩大，人才效率提高，人才培养和使用机制不断完善的目标。

目前，经济社会不断发展与进步，会计的职能也不仅仅局限于核算与监督，传统的会计学专业已不再适应社会的发展，这也说明传统的会计学专业必须进行转型，发展成一个现代化的会计学专业，以满足社会对会计人才队伍的需求。因此，地方性大学不能再固守传统的会计教学理念、教学模式和课程设计，而应积极拓展会计相关领域，对会计学专业进行新的探索与研究，推陈出新，适应社会对会计学专业的需求。

（2）辽宁省会计人才需求预测

根据辽宁省会计行业中长期人才发展规划的规模目标，至2020年会计人才资源总量增长40%，按全省现有会计人员47.3万人计算，需新增会计人员18.9万人。规划中的结构调整目标是，至2020年各类高级会计人才总量增长1倍，受过高等教育的会计人员的比例达到80%，确保高、中、初级会计人才比例达到10∶40∶50。而辽宁省现有会计人员的学历和职称情况如下：

①辽宁省现有会计人员学历结构。截至2016年年底，中专以

下学历 149 211 人，比重为 31.56%；大专学历 187 437 人，比重为 39.64%；本科学历 130 674 人，比重为 27.64%；硕士学位 5 313 人，比重为 1.12%；博士学位 110 人，比重为 0.02%（如图 1-1 所示）。[①]

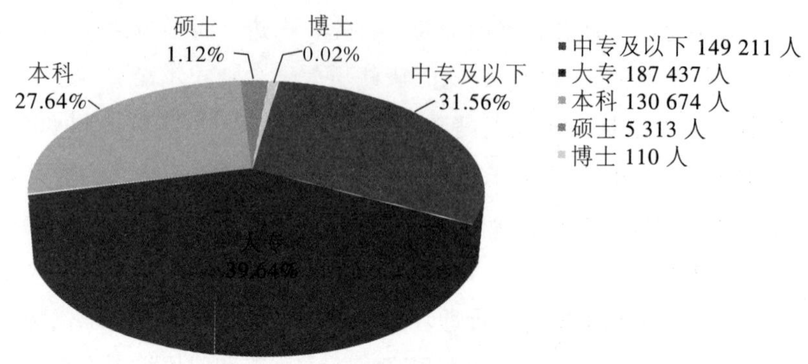

图 1-1 辽宁省会计人员学历结构图

②辽宁省现有会计人员职称结构。截至 2016 年年底，初级职称 63 087 人，比重为 52%；中级职称 50 006 人，比重为 42%；高级职称 7 286 人，比重为 6%（如图 1-2 所示）。[②]

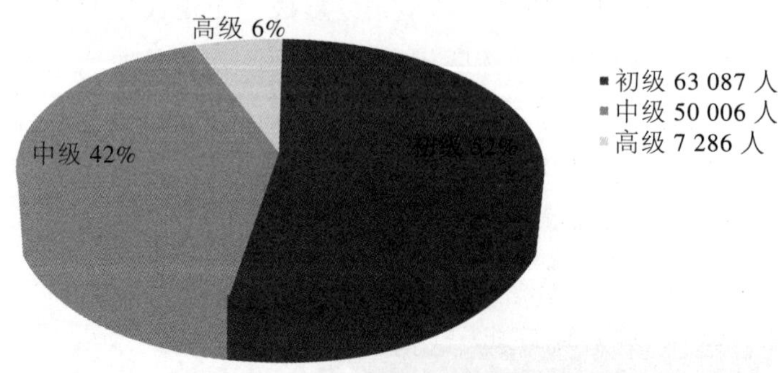

图 1-2 辽宁省会计人才职称结构图

综上分析可见，辽宁省会计人员的学历结构极低，硕士学位以上人员仅占 1.14%；职称结构不合理，高级职称人员仅占 6%；充

---

① 资料来源于《辽宁省会计行业中长期人才发展规划（2010—2020 年）》及辽宁省财政厅会计处提供的《辽宁省会计人才资料汇总表》。

② 资料来源于辽宁省财政厅会计处提供的《辽宁省会计人才资料汇总表》。

分说明辽宁省具有高学历、高职称的高层次会计人才极端缺乏。要实现 2020 年会计人才总规模 66 万人和高级职称会计人员占比 10% 的规划目标，高级职称会计人才应达到 6.6 万人（66 万人×10%），尚需新培养高级会计人才约 6 万人。

（3）沈阳市会计人才需求预测

根据沈阳市会计行业中长期人才发展规划的规模目标，至 2020 年会计人员总量增长 50% 以上，按全市现有会计人员 11.7 万人计算，需新增会计人员约 6 万人。规划中的结构调整目标是：至 2020 年各类高级会计人才总量增长 60%，受过高等教育的会计人员的比例达到 85%，力争使高、中、初级会计人才比例达到 10∶40∶50。而沈阳市现有会计人员学历和职称情况如下：

①沈阳市现有会计人才学历结构。截至 2016 年年底，中专以下学历 31 396 人，比重为 26.80%；大专学历 46 958 人，比重为 40.08%；本科学历 37 078 人，比重为 31.65%；具有硕士和博士学位的会计人才分别为 1 671 人和 53 人，比重分别为 1.42% 和 0.04%（如图 1-3 所示）。[①]

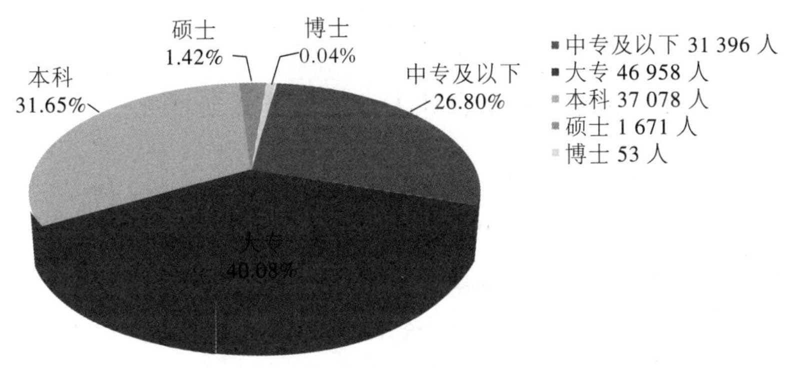

图 1-3　沈阳市会计人才学历结构图

②沈阳市现有会计人才职称结构。截至 2016 年年底，初级职称 19 472 人，比重为 54%；中级职称 14 458 人，比重为 40%；高

① 资料来源于《沈阳市会计行业中长期发展规划（2010—2020 年）》及辽宁省财政厅会计处提供的《辽宁省会计人才资料汇总表》。

级职称 1 982 人，比重为 6%（如图 1-4 所示）。①

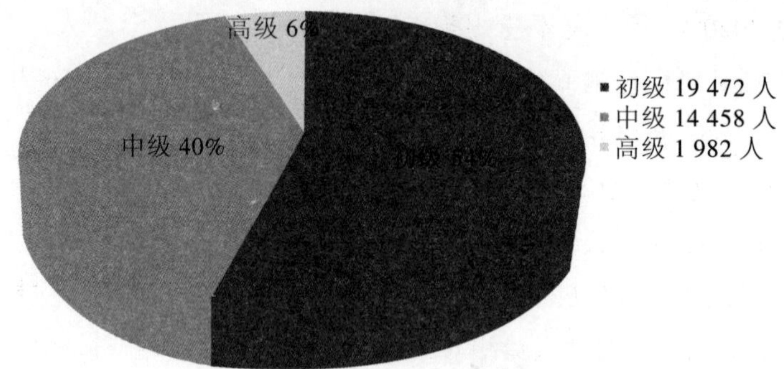

图 1-4　沈阳市会计人才职称结构图

综上分析可见，沈阳市目前也极度缺乏高学历、高职称的会计人才。要实现 2020 年会计人才总规模 18 万人和高级职称会计人员占比 10% 的规划目标，高级职称会计人才应达到 1.8 万人，尚需新培养高级会计人才约 1.6 万人（现有高级职称会计人才 0.1982 万人）。

（4）用人单位对会计人才需求预测

根据智联、前程无忧等招聘网站的信息统计：高层次会计人才需求，尤其是民营企业，占会计人才总需求量的 57% 左右。

1.1.3　我国现阶段会计人才供给及就业情况

（1）我国会计人才供给状况分析

根据教育部官网 2016 年 5 月的统计，结合目前开设会计学本科专业的院校分析，全国约有 630 所院校，全省有 40 所。事实上，几乎各类院校都开设会计学专业，该专业也成为教育部的控制布点。2017 年，新增会计从业人员约 90 万人（包括大中专、本科、硕士、博士）。结合市场需求和会计人才发展纲要，虽然其市场还有需求空间，但仍接近饱和。

① 资料来源于辽宁省财政厅会计处提供的《辽宁省会计人才资料汇总表》。

从会计人才就业满意度的角度来看，这是比较好的。麦可思的数据显示，2017 届毕业生就业数量较大的 10 个本科专业分别是：英语、会计学、财务管理、土木工程、机械设计制造及其自动化、计算机科学与技术、汉语言文学、电气工程及其自动化、国际经济与贸易、软件工程。[①]在 2017 年度就业专业质量调查中，会计学专业毕业生就业前三大职业是会计、出纳员和审计员，其满意度在 63%～76%。一些专业的大学毕业生在入职后短期内频繁跳槽的现象，越来越受到人们的关注。此外，在本科就业率最高的十大专业中，土木工程专业毕业生的离职率最低（15%），其后是电气工程及其自动化专业（17%）和会计学专业（20%）。麦可思的数据显示，2017 届毕业生就业数量较大的 10 个高职高专专业中会计学专业依然高居榜首，毕业半年后就业率为 92.5%，工作与专业相关度为 62%，就业满意度为 64%。

（2）招生和就业压力大

就地方性大学而言，主体招生对象是在省内，尤其是大学所在地居多，生源较为单一。此外，地方性大学的行业影响力不高以及名气不高也是学校招生难的原因。

据教育部公布的数据：2017 年普通高等院校毕业生总数为 795 万人，会计学专业毕业生生源充足，用人单位需求量稳中有升，在 2017 届本科就业率排名中位列第 8，然而会计学专业以失业量 0.73 万人，在失业量排名中位列第 5，出现“双高”（高就业率、高失业率）的现象。此外，存在着就业层次偏低、就业区域主要集中在大学所在地的现象。因此，从地方性大学会计学专业的生存和发展来看，研究地方性大学本科会计学特色专业的建设显得尤为重要。

---

① 资料来源于麦可思-中国 2017 届大学生培养质量跟踪评价。

1.1.4 地方性大学会计学专业建设中存在的问题

经济越发展，会计越重要，而会计人才的教育和培养是决定会计人才素质的关键因素，地方性大学作为高素质会计人才培养的重要基地，应责无旁贷地承担此项重任。在相当长的时期内，地方性大学以各自的学校特色和定位为前提，整合优势资源，思考和调整本科会计学专业的专业特色，培养具有竞争优势的应用型会计人才。但从目前看来，大多数地方性大学本科会计学专业的特色建设仍面临较大问题，专业培养目标与课程体系设置等方面多与财经类院校本科会计学专业相似。

当前地方性大学普遍面临着一些共同的问题，使得学校的整体水平不能飞越式地发展，在一定程度上影响着地方性大学发挥应有的作用，具体表现在以下几个方面：

（1）人才培养重理论轻实践，实践型师资队伍缺乏

地方性大学会计学专业的基本特征是以适应地方经济发展，满足本地区人才需求为目标，以培养应用技术型会计学专业人才为重点，以提高学生就业竞争力为指向。因此，地方性大学会计学专业应不只重视理论学习，应更重视实践能力的应用。换而言之，其培养的学生既要有足够的理论功底，又要有较强的实践操作能力。然而，大多数地方性大学的会计学专业人才培养的实践操作能力无法满足社会的需求。

会计学专业是一个对实践能力和操作能力要求较高的专业。会计学教育着重于理论与实践的联系。这就要求老师不仅要具备扎实的理论功底，还要具备丰富的实践经验。而目前一些地方性大学的会计学教师存在理论和科研水平较高，而相应的实践经验不足的现象，因而不能更加形象具体地在实践教学中指导学生的实践操作。

（2）实训基地无法满足学生的培养需求

教育资源匮乏、教育经费不充足是当下地方性大学普遍存在的

现象；在地方性大学的发展中也存在着争生源、争师资、争经费、争办学设备等现象。正是经费不足、资源匮乏等现象导致对会计学专业建设的实训实验室和实训基地的建设不足，不能使学生对相关的工作环境有亲身的、直观的体验，不能有效地提升会计学专业学生的实际操作能力。

（3）招生规模受限

在宏观政策的指导下，地方性大学会计学本科招生数量在逐年降低。

（4）就业压力大

存在着就业层次偏低、就业区域主要集中在大学所在地的现象。就业平台相对较低，与毕业生就业期望度不能很好地匹配。这也是导致一部分毕业生在就业的较短时间里离职的一个原因。

（5）学生岗位适应性较差

学生在工作岗位中对专业知识的运用以及专业视野有待提高。

1.2 研究意义

1.2.1 理论意义

会计人才作为高校的重点培养对象，其自身价值的提高主要体现在知识的获取、能力的培养和道德的形成上。会计学专业学生只有具备丰富的理论知识、充分的实践能力和良好的道德素质，才能在毕业后发挥最大的人生价值，为社会贡献自己的一份力。由此可见，地方性大学开展特色会计学专业建设不仅是对自身，更是对其他地方性大学特色会计学专业的建设具有重要意义。然而，在我国地方本科院校会计学专业教学中，通常存在只注重教学任务完成的情况，教师根据教学大纲和教材内容按部就班地对学生进行教材知识的传授，往往忽视了实现学生自身价值的客观需要，培养的学生也很难及时适应新环境、新形势、新问题。地方本科院校将通过建设会计学特色专业，注重会计人才培养与社会需求的对应与互动，以全面、多层次、多环节的方式培养会计学专业的学生，使学生的价值发挥最大化，获得更高的薪酬回报。

特色专业的建设应与其他高校相同专业的特色保持一定的差异性，采取“人无我有、人有我优、人优我精、人精我特”的差异化战略，实现“错位策略”，以避免正面的竞争。基于这一特色专业建设的基本思路，本课题提出了“会计学”特色专业建设的总体目标：“适应辽宁地区经济发展的需要，致力于培养兼具国际化、市场化、信息化的综合素质良好、应用能力强的专业型人才，致力于将会计系建设成为特色人才培养基地，为同类型地方性大学会计学专业建设和改革起到示范作用。”

专业建设特色对于提升地方性大学竞争力具有重要的战略意义。当前，我国高等教育进入了一个新的发展阶段。加强特色意识，重视特色建设，制定和实施特色发展战略，已成为各高校生存和发展的战略选择。地方性大学作为我国高等教育的主体，只有以自己的特色战略取胜，才能在激烈的教育竞争中实现可持续发展。

1.2.2 现实意义

本书从面向地方性大学的角度阐述了会计学特色专业的建设，以期为地方性大学会计学特色专业的建设提供参考和指导，同时也积极响应教育部地方本科院校向会计学专业应用转型的总体方向和要求，进而培养高素质应用型会计人才，为辽宁地区经济建设服务。

（1）推进会计学特色专业建设

特色专业是指在高校教学实践和专业建设过程中，在办学理念、人才培养目标、培养模式和培养质量等方面极具特色，且被社会广泛认可并享有较高声誉的专业。目前，特色专业已成为我国地方性大学高等教育建设中求生存、谋发展、保持竞争优势的重要战略手段。会计学特色专业建设是解决这一问题的有效途径，只有立足于会计人才需求的现状，以就业为导向，结合高校教学资源和教学特色，制定培训目标，合理安排课程模块和课程体系，进行师资队伍的培训，才可以保证地方性大学会计教育资源的有效利用，为我国社会主义市场经济建设提供会计人才。对于地方性大学的会计特色教育有着合理有效的借鉴意义，从而推进地方性大学的会计学特色专业建设。

（2）弥补目前地方性大学会计特色教育的不足

地方性大学的会计教育由于地方教育水平较为有限、教学资源相对匮乏，会计学专业的特色并没有充分展示出来。地方性大学会计教育的不足主要体现在以下方面：

①培养目的设定忽视人才创新和职业判断能力的提高。

部分地方性大学在制定会计人才培养目标时，强调以会计实务工作、教学和科研人才为培养方向，将本科会计教育培养目标定位为“三位一体”，忽略了人才创新和职业判断能力的提高。一些地方性大学往往本着“培养具备经济、管理、法律和会计学等方面的专业知识，能在企事业单位及政府部门从事会计实务以及教学、科研方面工作的高级人才”这一目标培养学生。这一目标虽符合市场经济发展的要求，但是，在而今市场经济取得卓越成绩，会计高等教育取得巨大发展的情况下，此目标重点不明确，前瞻性不足。近年来，一些高校将培养目标定位为三个方向：一是技能型职业教育，二是研究型学术教育，三是半理论半技能应用型教育。这些观点有一定的合理性，但是忽视了人的全面可持续发展。新会计准则实施后，为会计政策的选择提供了越来越大的空间，会计人员越来越重视确认和计量判断的重要性。这就要求在会计人员培养的过程中，高校不仅需要关注技术支持，更应该加强对学生的职业道德观念的教育。

②对复合型人才的认识以及战略实施都不到位。

目前很多地方性大学都倾向于培养复合型人才，但如何培养复合型人才至今还无定论。目前，复合型人才的培养还存在一些问题。其一，学校的培养目标不明确，会计学专业与本学校的优势没有紧密结合，导致了会计人才与名校在知识结构上的培养大同小异，无法发挥自己的优势与特色。比如，不顾自身办学条件而一味强调国际化，最终的结果可能是不仅未达到国际水平，又丢失了自身特点。其二，许多高校对市场需求没有充分挖掘，由于特色不明显，没有竞争优势，因而对毕业生的发展不利。

（3）改进地方性大学会计教育的理念及路径

①准确定位培养层次，加强职业判断能力的培养。

会计学专业教学主要是培养复合型人才，首先应明确其人才培养的定位。对于一般地方性大学而言，我们应该立足我国国情，面向地方经济、周边区域经济，对接企事业单位的需求，以培养具有较强的专业技术水平、实践能力和创新能力的复合型人才为目标，创建集产、学、研于一体的和谐式教育模式。会计职业判断的进行离不开扎实的专业理论知识，增强学生的职业判断能力应首先从改革教学模式入手。理论教学是基础，其次是培养和提升其职业判断能力。真正做到“以学生为中心，一切从学生出发”，强调学生的主动性，强调教学资源的动态性，强调教学过程的“互动性”，留给学生充分的发展空间。教师在教学中应因材施教，注重学生情感与心理需求的个性化差异，改进教学方法，培养学生的职业判断能力。

②以特色为导向，培养复合型人才。

相对于师资力量较强、生源较好的全国性综合大学以及全国知名财经大学，一般地方性大学的师资力量和生源力量都相对较为薄弱。为谋求自身的发展空间，地方院校应该更注重差异化的战略。其更应该在考虑高校的资源、影响地域范围、专业技能优势后，寻找自身的优势与特点，着重培养适合本地区、本行业需要的会计人才。同时，地方性大学应注重与国内外一流院校的交流，注重理论与实践并重，发挥专业优势，追求会计教育的高水平，培养倾向某些方面的精品人才，提高专业知名度。1999 年我国高校扩招后，大学毕业生就业市场开始逐渐从“卖方市场”转向“买方市场”。因此会计人才培养复合型人才是我国高等教育发展的必然结果，只有实施具有地方特色的会计人才战略才能对毕业生的品质进行准确定位，使自己的毕业生充分展示自身的优势，并且获得用人单位的认同，这样才能使毕业生在激烈的竞争中占领一席之地。

第2章　国内外研究现状及本研究的创新点

2.1　国内外研究现状

2.1.1　国内研究现状

对于我国国内的情况来说，地方性大学在不断探索自身优势的同时办出了自己的特色，它们不仅为社会输送大量的优秀会计人才，而且也增强了自己的办学竞争力，在社会中获得良好的口碑。地方性大学会计学专业办学最具特色之一的学校——上海立信会计金融学院，是由立信会计专科学校发展而来的，现隶属于上海市政府管辖，是一所典型的普通地方性大学。多年来，上海立信会计金融学院秉承着“诚信、实用、开放”的办学理念，在为上海经济的发展输送了大量会计人才的同时还保留了立信的品牌特色，并在此基础上不断发展、低调奋进，扩充立信的学科范围，开创了会计教育、会计师事务所和会计出版社“三位一体”的办学模式，在全国会计学专业学校中占据绝对的领先地位。经过多年的发展，上海立信会计金融学院在积极发展与之相关的边缘学科、交叉学科和综合学科的同时保持和巩固已有的优势学科——会计学，将学院重点建设学科确立为会计学、国际经济与贸易学科，将学院重点扶植学科确立为财务管理、金融学、财政税务、智能与信息管理学科。近年来上海立信会计金融学院就会计与治理学科群、开放经济与风险管理学科群两大学科群建设进行启动。在多学科发展的同时，上海立信会计金融学院始终坚持推动其他学科的发展，以会计学为龙头学科起到带动作用，并形成自己的优势学科体系。上海立信会计金融学院注重“厚基础、宽口径、重应用”的人才培养模式，在课程方面，大量公共基础课程（高等数学、中外语言、计算机基础和应用程序等）和6个基础性的科目课程，为学生奠定了广泛的基础知识。同时，上海立信会计金融学院开设大量选修课程和提供跨校选课平台，而专业课和专业选修课占不到总学分的1/3，充分体现了宽口径的思想。最后，在人才培训方面，上海立信会计金融学院被社会广泛认可。社会上认为立信学生的特点是扎实的会计基础知识，高效率工作，谦虚的态度，吃苦耐劳，擅长专业研究、适应性强等。此外有些较好的一本类大学，如上海财经大学会计学专业人才培养目标设定为加拿大CGP注册会计师方向、中国CPA注册会计师方向、美国AICPA注册会计师方向，中南财经政法大学会计学专业的人才培养目标设定有会计准则方向、会计实证方向，东北财经大学会计学专业人才培养目标设定有会计日语特招班方向、加拿大CGP注册会计师方向等。

国内学者杨颖、张玉红（2013）从三个部分——会计理论和会计制度设计、会计反映系统操作（会计实务）和会计控制系统操作（会计决策和控制）研究会计职业规范和地方本科院校人才培养模式。现代会计活动是一种社会控制活动。这一观点代表了地方本科高校会计学专业规范和地方本科院校人才培养模式的研究方向。余茂才（2010）对地方性大学的地方性进行了深入研究，阐述了地方性大学地方性的含义、地方性大学的办学特色、地方性大学的管理制度、地方性大学的历史演进、地方性大学的发展趋势、地方性大学的人才培养。

行业特色高校领导对地区和行业会计发展提供了大量的支持。行业特色高校会计学专业及其创新对行业与区域会计发展也有着特殊贡献。

2.1.2 国外研究现状

国外的一些知名大学中的会计学专业的课程设计也是各有侧重点、各有自己的特色。例如，斯坦福大学如何针对一些会计问题进行会计学的研究，强调的重点是在对某一个会计事务进行评估时的一个发展中的概念范围和技巧。哈佛商学院会计学专业比较侧重于应用方面，以实际操作为将来发展方向。宾夕法尼亚大学的沃顿商学院倡导综合学科研究法。学院的研究也是以研究会计信息的作用及资本市场的表现、企业架构等为主的。芝加哥大学认为会计对于任何性质的企业，都是不可或缺的工具或系统，如果研究这一课题，还需要有良好的专业经济学和金融学背景，具有认知心理学的背景。其课程设置安排了大量的研究，包括代理人如何将会计信息运用到市场、代理模式等方面。除此之外，学生还需要有针对性地补充一些如组织行为学、统计学等相关课程。美国乔治·梅肯大学副校长韦德·吉利提出，地方性大学要改变“以自我为中心”的观念，树立以社会为中心的“他方中心论”的新观念，与大学所在社区的企业界建立起一种积极的、双向作用的伙伴关系，为实现经济繁荣和社会公众的共同目标而努力。[①]英国国民会计教育的目

---

① 徐虹，林钟高. 行业特色高校会计本科专业教育目标研究 [J]. 西华大学学报：哲学社会科学版，2008，27（4）：82-89.

标，与社会对会计人才的需求密切相关，并根据社会需求的变化随时进行调整。澳大利亚大学会计教学则强调能力培养与自我负责，其特点是：以学为主，培养能力，使学生勤于思考，善于动手，最大限度地发挥其创新能力，培养他们的理论与实践相结合的能力。

每个国家、每个地区都有自己的特点，因此对会计人才的需求也可能略有不同，这就要求高校，尤其是地方高校要把握当地社会环境下的会计人才需求状况，差异化进行人才培养。

2.2 本研究的创新点

2.2.1 研究特色

本课题研究是以沈阳大学会计学专业建设为基础，结合会计学专业转型而进行的研究与实践。

世界各国教育部各部门对全球金融危机进程进行了分析，并对经济和社会发展得到一个重要的启示，即国家竞争力、实体经济的发展、现代职业教育体系的建设和高等教育结构具有高度相关性。德国、瑞士、芬兰、荷兰等应用技术大学较多的国家，竞争力不仅在世界前列，而且失业率较低。

就我国而言，有一些地方性大学一直在探索自己的优势，提出自身的特点，它们输送了大量优秀的会计人才，同时也加强了学校的竞争力，在社会上赢得了良好的声誉。上海立信会计金融学院是会计学专业建设最具特色的地方性大学之一，在全国会计学专业学校中处于绝对领先地位，培养出了被社会广泛认可的人才。

本书以沈阳高校学生实践教育为基础，以会计学专业转型为依托，为地方性大学会计学专业建设提供参考和指导，为地方经济建设和社会发展提供人才支持。

①在明确定位的基础上，对地方性大学会计学专业实践教学

进行改革。

②走出传统的会计定位，将管理学与经济学相结合，探索信息化背景下的会计教学改革。

2.2.2 研究方法

（1）定量分析法

通过“麦可思-中国高等教育社会需求数量年度指标”以及辽宁地区会计人员学位结构、职称结构的会计人才供求测试，对辽宁地区高校接受会计学位教育人员就业前景与市场需求结构进行预测。

（2）个案研究法

根据我校在会计学专业建设、改革中积累的原始数据，从教师、教学条件、招生、科目、课程改革、就业情况、建立校企合作、实践基地等方面进行分析，对会计学专业的办学特色建设、人才培养、会计结构转型等方面进行分析。

（3）文献研究法

通过对辽宁省会计行业中长期人才发展规划、CNKI、维普、万方、Science Direct、Springerlink 等文献资料的搜集和分析，研究国内外高校相关财经类特色专业建设经验。

（4）访谈法

通过对企业实践导师、学生、用人单位等的访问与调查，研究应用型人才培养模式及培养方案。

（5）问卷调查法

面向 41 家雇主单位、13 个实训基地、320 名会计学专业学生，从不同层面对会计学专业人才能力素质需求开展问卷调查。

2.2.3 创新点

（1）创新点

①根据地方性大学会计学专业的特点，进行专业特色整改。

②在会计信息化改革的背景下，将管理学与经济学融合，探讨会计学的教学改革。

（2）示范作用

沈阳大学会计学专业要深入实施国家创新人才部署和群众创业，创新国家发展战略，以创新创业教育改革作为发展的突破口，大力推进创新创业教育。坚持标准化、一体化、多元化、网络化创新创业课程改革的要求，引导、教学、实践、承接综合性教学模式，以发展创新型创业为宗旨通过教学资源共享和会计学专业组共享平台为示范，改革成果在校内外共享。按照“校训基地、基地外联合、共创双赢”的双重改革思路，通过建立培训与创业基地的长期合作，培养具有创新意识和创新能力的人才，提供人才保障。为辽宁地区新的全面振兴，同时为增强辽宁地区经济可持续发展的内在动力贡献力量和活力，也为高校创业教育的创新与专业建设中的角色整合改革起到示范作用。

第3章　地方性大学会计学特色教育的目标

3.1　特色教育的内涵及建设原则

3.1.1　特色教育的内涵

特色表现为与其他事物不同，有着独特的风格、形式等。特色是事物的产生和发展过程中所特有的，取决于特定的环境因素。在教育中，专业是指高等学校的一个系里或中等专业学校里的学业门类。学校根据国家建设和财产建设的要求，建立了自己的专业门类和各类专业。一般来说，专业要按照独立的专业教学计划，按照专业培训的方向组织教学，以实现专业培训的目标和要求。专家学者认为，特色专业是以一定的办学理念为指导，长期办学实践逐渐形成的独具特色的专业。具体来说，特色专业是指一所学校在专业上，在教育目标、师资队伍、课程体系、教学条件和培训质量等方面，具有较高的教育水平和鲜明的特点，具有良好的办学效益和社会效益，是高标准、高水平、高质量的专业，是“人无我有，人有我优，人优我新”的专业。高等教育按专业组织教学，按专业方向培养人才。

3.1.2 专业特色教育的基本原则

特色专业建设总体上应突出教育教学整体水平和人才培养质量，办学理念、专业建设和教学改革、培养模式、人才培养质量具有显著的特色和较高的社会声誉。特色专业建设以赢得市场和竞争优势为目标，应遵循以下基本原则：

（1）突出地方特色高校应用教育的专业原则

坚持“科学、民主、开放办学”的教育哲学将本科学历资格教育、国际职业资格教育与素质能力教育相结合，培养“动手能力强、综合素质好、具有国际视野、信息化技能高”的高层次复合应用型人才。

（2）满足区域经济发展和社会建设需要的原则

在特色专业建设中，要充分考虑经济发展和社会建设对专业人才的需求，立足于专业优势，挖掘和拓展现有专业发展空间，适时调整特色专业建设的阵地，只有这样才能提高专业水平和竞争力。因此，特色专业建设必须注重加强专业基地建设，为专业发展提供支持，与专业需求单位紧密横向结合，逐步实现资源共享，优势互补。学校和用人单位要建立教学科研基地，将理论教学和实践需求相结合。

（3）创新导向的原则

创新是特色专业建设成功的灵魂。特色专业建设应顺应时代发展的潮流，在“交叉、综合和整体化”的发展趋势中，不仅要保持和发展现有优势，而且要不断探索特色专业自身的发展规律，不断开拓进取，不断创新，保持在创新中的发展优势，使有特色的专业跟上时代和市场需求的变化。在推进专业创新发展的过程中，要突出特色，科学规划专业发展方向，创新课程设置、教材建设和教学现状。

（4）专业队伍建设与师资队伍建设并重的原则

师资队伍是特色专业建设的重要保证。创建“复合”型、“双师”型教师队伍是特色专业建设的基本原则。

3.2 会计学专业的特色教育目标

专业建设是高校基础建设的重要内容，是高校实施人才培养的基础和教学工作的基础，它既能反映高校的全貌，又能反映当今教育发展的价值取向。专业建设的教育水平和质量，关系到学校人才培养的质量和社会声誉，关系到学校的生存和可持续发展。高校开展特色专业建设，为了体现特色的生命力，以特色标志水平，以特色证明质量，不仅有利于促进学校教学基础建设，进一步改善教学条件，提高学校实力，而且适应经济社会发展的需要。因此，加强特色专业建设，是在新形势下高校大众化高等教育的必然选择，是新时期深化高校教育教学改革，深入实施“质量工程”，提高人才培养质量的必然选择。

地方性大学应积极探索以“立体课程、多元路径、个性化体验”为特色的优秀人才培养模式，给学生更多的选择空间和学习自主权；加强通识教育，培养学生掌握扎实的专业基础拥有更高的人文素养、社会责任、科学精神；依托教育部本科教学项目，不断加强专业课程资源建设；拓宽教育国际化渠道，大规模引进海外高水平教师，寻求与国外高水平大学的实质性交流与合作机会。特色高校会计学专业培养目标：“通才+专才”的应用型人才。

3.3 地方性大学的人才培养目标

地方性大学特色是实现跨越式发展的必然选择，其特点体现在以下几个方面：

一是特色办学理念。教育理念对高校的发展具有指导作用。地方性大学可以根据自身的特点，树立前瞻性的教育理念，引导学校跨越式发展。

二是确定学校办学定位的特点。定位一般可以界定为“管理者是如何在高校中建设一所适应社会需要的学校”。要实现地方性大学的合理发展，高校必须进行科学的定位。

三是有特色的学科建设。课程结构和课程特点是高校形成其办学特色最基本的因素，决定了学校在哪些领域为社会服务。这充分体现了一所大学在特色学科上的优势，大学可以根据自身的优势充分发展一些重点学科，使其成为优势学科，并在此基础上不断发展与其相关的其他学科，形成完整的学科体系。

四是特色的人才培养。高校应培养出一支有特色、高素质、具有丰富创新能力的人才。高校做得好不好，最直接的体现是培养出来的人才的素质的高低。

一些地方性大学一直在探索自己的优势，想方设法地办出自己的特色，在为社会培养一大批优秀的会计人才的同时，也增强了自身的竞争力，在社会上赢得了良好的声誉。

以科学发展观和《国家中长期教育改革和发展规划纲要》为指导，根据地方性大学的教育特点，确定会计学专业人才培养目标为：

①更新人才培养观念、创新人才培养模式，加强教学质量建设，培养具有较强实践能力的优秀教师科研队伍，改革教学管理和评价体系，加强教学效果提升的研究，将优秀的科研纳入教学

内容。

②培养具有较高的政治素质和良好的职业道德水平，具备经济、管理、法律和会计学等方面的基础知识，具有较强的创新意识和持续的发展潜力，精通国内外会计、审计实务，熟练掌握专业英语和会计财务软件，在国内外企事业单位、会计师事务所、跨国公司、政府部门等复杂的经济环境中从事会计工作的国际化、信息化、应用型会计人才。

3.4 地方性大学会计学特色教育的总体目标

3.4.1 会计人才市场需求分析

近几年，用人单位对会计人才的学历、专业知识和综合素质方面的要求越来越高，具有相关工作经验和相应职称的会计人员越来越受招聘单位的青睐（见表 3-1）。

表 3-1 企业对会计人才需求状况统计表

用人单位要求	1 年以上工作经验	3 年以上工作经验	5 年以上工作经验	其　他
所占比例	39.40%	34.70%	8.90%	17.00%
用人单位要求	中级职称	初级职称	其　他	
所占比例	45.70%	21.30%	33.00%	
用人单位要求	硕士以上	本科	大专	大专以下
所占比例	10.1%	61.6%	20.3%	8%
用人单位要求	精通专业知识	英语四六级	计算机熟练程度	人际沟通能力
所占比例	48.90%	6.70%	62.40%	98.00%

从表 3-1 可以看出对会计人员工作经验、职称有要求的企业

占到一半以上，另外，企业非常看重人才的沟通能力、计算机运用能力和对专业知识的掌握这三个方面。可见，坐在教室死学书本的时代已经过去，实践型、应用型教学改革势在必行。

另外，依据财政部发布的《会计行业中长期人才发展规划（2010—2020年）》，到2020年会计人员增长幅度为40%，新增会计人员600万人（辽宁省新增会计人员18.9万人）。首先，要实现会计人才资源总量稳步增长，队伍规模不断壮大，来满足经济社会发展需要。其次，实现会计人才素质大幅提高，结构进一步优化。会计人员中受过高等教育的比例达到80%；涉及会计审计实务、会计理论研究和会计管理等方面的各类别高级会计人才总量增长50%；继续增加各类别初、中级会计人才在会计从业人员中所占比重，力争使各类别高、中、初级会计人才比例达到10∶40∶50，会计人才的分布、层次和类别等结构趋于合理。最后，实现会计人才竞争优势明显增强，人才规模效益显著提高；会计人才使用效能明显提高，人才培养和使用机制不断健全。

培养会计人才的目标不仅在国家政策中，也体现在现实经济社会生活中。根据2017年麦可思大学生就业数据统计，2017届本科毕业生社会需求量较大的职业（前50位）中排名第1位的是会计，就业比例占4.8%。另外与其相关的职业，如出纳员需求比例也较高，排名第五，就业比例占2.1%；审计员排名第9，就业比例占1.2%。

随着市场经济的不断发展进步，会计人员的职能不仅仅是核算与监督，传统型会计学专业已不再是最适应社会发展的角色，这就意味着，传统型会计学专业必须面临着转型，发展成现代型会计学专业以适应社会对会计人员的需求。因此，地方性大学，不能仍然坚持固有的会计学教学理念、教学模式与课程设计，而是要积极拓展会计学研究领域，对会计学专业要有新的探索，设计出具备鲜明特色且适应社会需求的会计学专业。

3.4.2 会计学特色教育的总体目标

地方性大学会计学特色教育的总体目标主要包括培养模式、教学资源、教学质量保障以及培养效果等方面（如图 3-1 所示）。

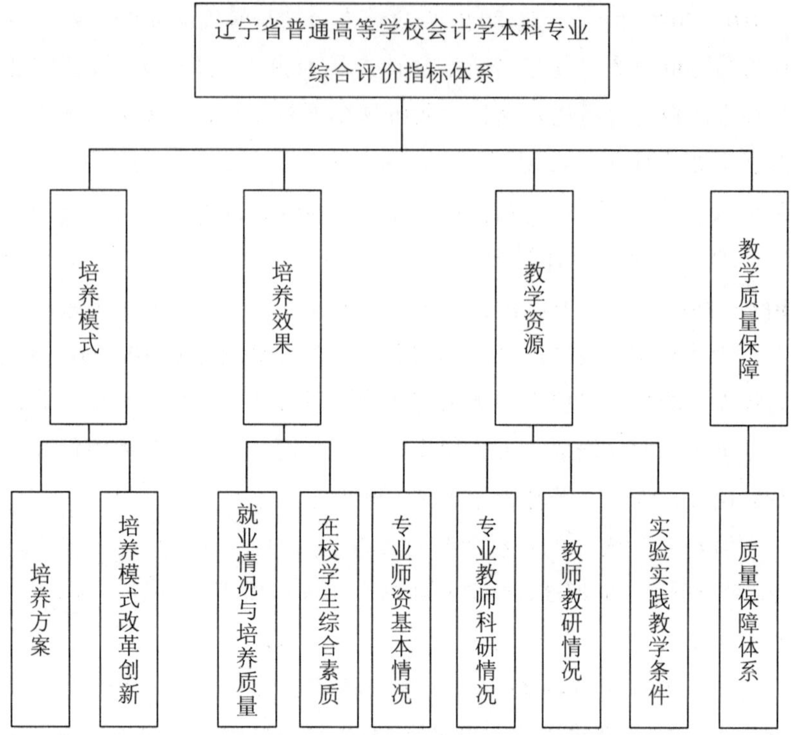

图 3-1 地方性大学会计学特色教育的总体目标

3.5 地方性大学会计学特色教育的具体目标

3.5.1 优化人才培养模式

（1）优化人才培养目标

优化人才培养的目标就是提高培养目标、基本要求、专业定位、课程设置等要素之间的匹配程度等。其具体包括：

第一，评估培养目标、课程设计和班级（或模块）的必修课规模比例、理论课与实践课之间的学时比例，毕业论文（设计）环节周数，课程时序关系等是否合理。

第二，对知识的需求、能力和质量考核课程的支持程度、课程对知识的培养、能力和质量的需求的支持程度。

第三，专业主干课程和主修专业课程在教学计划中对知识和能力的支持程度和专业主干课程和主要专业课程对知识和能力的需求程度。建立和实施“理实交融、知能并重”的新人才培养方案。在与用人单位进行校企合作的过程中，进行用人单位调研、毕业生调研、在校生调研及兄弟院校调研。

会计学专业人才培养方案要贯彻“基础厚、素质广、专业精、方向多”（灵活设置专业方向课程、重视实践）的基本原则。具体而言，培养方案的设置应加强基础知识教学，根据学科设置基础课程，加强专业骨干课程，灵活设置专业方向，将理论教学与实践教学相结合，坚持知识与能力并重的原则。原则的特点可概括为纵向和横向两个角度。从纵向上看，可以分为基础教育、专业学习、综合发展三个阶段，每个阶段完成相应的教学任务，侧重点不同，例如在专业学习阶段，重要的是要使学生掌握必要的理论知识，在综合发展阶段，对学生的要求已不再局限于理论知识，而是理论与实践相结合的能力。从横向上看，该体系可分为理论教学和实践教学两大体系，特别注重加强实践教学。通过精心设计理论教学体系，增强学生的理论基础，增强学生的自主学习能力，保证学生的“持久力”。使学生由普通班教学理论、主修基础课、专业学科、专业限选（方向）、任选课程、通识课六大模块，基础教育，专业学习三个阶段全面综合发展。

建立和实施实践教学体系，保证学生“上手快”。改变传统教育只注重理论教学，实践教学是从属于理论教学的传统观念。注重提高实践教学比重，将其融入理论教学过程中，或在理论教学后集中开设实践课程。一般来说，实践教学体系主要包括基础实践、专业实践和综合实践三类。通过基础实践，使学生提高对社会、情感、专业的认知，掌握大学生必要的技能，为大学生的专业学习奠定基础。通过专业实践，深化学生的专业知识，培养学生掌握基本专业技能和方法，促进学生科学思维和创新能力的提高。通过综合实践，培养学生综合运用知识分析问题、解决问题的能力，提高学生的综合素质。

（2）改革创新培养模式

培训模式的改革和创新主要是考核及培训模式改革和创新的具体措施及实施效果，以及国际化人才培养改革措施和实施效果。美国管理会计学会（IMA）管理会计能力素质框架表明，会计人员应根据当前需要，满足五种能力——决策、规划、报告、营运和领导能力。也就是说，会计人员面临着转型问题，不仅需要具备洞察未来、衡量业绩、报告财务结果的能力，还需要具备指导决策、风险管理、建立道德环境、管理技术、管理权力的变革、跨公司合作、激励团队实现组织目标的能力。

人才培养中心以市场需求为导向，从专业分析入手，以培养高素质、高技术人才为目标，在会计工作岗位、工作过程、岗位技能、创新与实践的基础上，对高校教育教学与人才培养模式进行探讨，并围绕人才培养模式，作为一个整体建设培训实习基地、课程体系、面对面的教学队伍。紧密与行业建立人才培养合作机制，在此基础上建立双向选择学生、人才和就业的绿色渠道。

会计学专业按照教育部和学校关于在本科教学中开展双语教学的要求，积极推进了双语教学的工作，会计学专业与英国特许公认会计师公会（ACCA）合作，开设国际会计师方向班，单独制订培养方案，引入国际会计人才培养理念和模式，培养国际化财务会计人才。

3.5.2 注重培养效果

会计学专业是一门实践性强、信息强、国际性强的专业。会计学专业与教研室的教学方法创新，更新教学手段，提高专业力量，向培养应用型人才培养模式转变。

鼓励会计学专业学生积极参与竞赛，包括 EPR 竞赛、用友软件竞赛、财务决策竞赛等。通过竞赛，最大的收获就是认清我们的优势和弱点，明确发展方向。竞赛是一种竞争，通过竞争，提高了学生的竞争意识和竞争能力。

鼓励学生取得专业资格证书和相关的职业资格证书，确保人手一证，是提高学生素质的重要措施。同样，创新型创业活动是国家倡导的双创活动。这对于培养学生的创新创业意识具有十分重要的意义。一方面，更新观念，使教师和学生充分认识双创教育的重要意义。推进双创教育在会计学专业上的落实。另一方面，会计系积极行动，鼓励学生参与大学生的创新创业活动，并给予学分鼓励。通过诸如创新和创业沙盘模拟训练等一系列双创教学实践活动，涌现出一批拥有新创意和新想法的优秀学生。

此外，鼓励学生参与横向纵向主持的课题撰写和发表学术论文，可以使学生明确学术规范，创新活动，必须通过学术论文的发表，才能得到社会的认可。

3.5.3 丰富教学资源

（1）建设“双师”型特色专业的师资队伍

专业教师是指从事自己专业教学工作的专职教师。对于具有授予硕士学位和博士学位资格的院校，将硕士生和博士生分别按照 1.5 和 3 的比例折算成本科生数，然后计算专业生师比。高级教师包括国家高级教师和省级高级教师。国家高级教师包括教育部长江学者奖励计划、国家杰出青年基金获得者、国务院学科评议组成员、海外高层次人才引进计划（千人计划）、新世纪百千万人才工程国家级人选、教育部新世纪优秀人才支持计划人选、国家级教学名师、国务院政府特殊津贴获得者、全国优秀教师。省级高级教师包括省百千万人才工程计划（千人层次以上）、省级教学名师、省优秀教师、省优秀专家、省“高等学校重点学科领军人才海内外引进计划”人选、省“高等学校攀登学者支持计划”人选、省“特聘教授支持计划”人选、省“高校优秀人才支持计划”人选、财政部认定的全国会计领军人才（学术类）。

会计学是一门需要理论与实践紧密结合的课程，要求教师不仅要有完善的理论知识，还要有丰富的实践经验。

具有行业经验的专职教师的衡量标准是指具备以下经验之一的人：

①曾在相关行业连续工作 6 个月以上；

②取得会计学专业技术资格中级、高级资格证书；

③取得注册会计师执业或非执业资格证书；

④担任上市或非上市公司独立董事等。

中青年教师参加实践教学能力培养的评价标准是以下两种情况之一：

①曾接受相关行业培训并取得相应证书；

②曾与相关行业合作开展过科研项目。

要想建设“双师”型特色专业的师资队伍：

一方面，要加大学术带头人和骨干力量的引入，整合学术梯队，推动科研创新团队建设。

另一方面，为了提高教师的实践教学能力，鼓励教师参与社会实践。安排和赞助教师在工业或基层部门进行研究或锻炼；鼓励和资助相关教师获得注册会计师、注册税务师和其他资格；鼓励相关教师在各类企业、事务所、证券公司兼职；将专业实践经验作为招聘教师的重要参考条件。同时，支持教师到国内外知名机构做访问学者或学术交流。

打造一支既懂专业和教学规律又擅长会计实务，专职与兼职教师相结合的“双师”型师资队伍。

（2）课程建设和教材建设

①推进精品课程建设。

建立和完善学校高质量的课程网站，将互联网上所有省级优秀课程及相关内容，包括录制课程的教学视频进行完善，制作多媒体课件并上传，修改和完善课程大纲、教学计划，并进行上传，建立和完善学生互动平台，随时形成师生互动教学指导机制，从而提高网站使用效率，提高学生自主学习能力。

培养优秀的课程领导者，实施专业课程的课程领导体系。学院专业建设资金支持优质课程建设。形成课程群，以优质课程为影响力，推动课程群其他课程的开发。由课程负责人组织课程的具体建设，教材的选编，教学大纲和考试大纲的修改以及改革课程结构。

根据英国特许会计师事务所全球考试的要求，国际会计导向课程采用原版英语教材，并以两种语言教授培养具有现代思维和国际视野的国际会计人才。同时，我们应该增加信息化课程的比例，注重培养学生的应用能力，增加会计综合模拟实践活动。学生毕业后可以适应企业信息管理的需要。

②注重适应信息化条件的实践能力培养。

根据管理信息化发展的需求，对会计课程的改革，以信息为主体，作为课程体系的灵魂，打破传统课程界限，优化组合，将会计信息化教学内容标准化，除了将会计信息化内容对“会计信息系统”“财务会计软件应用”“Excel在会计中应用”“ERP沙盘系统实训”等信息化课程内容进行改革与创新外，还渗透到与会计相关的“会计学基础”“中级财务会计”“管理会计”“审计实务”等专业主干课程的教学中。

(3) 拓展高校会计学专业相关综合实践

根据实务会计人才培养的要求，建立和完善实践教学体系，重点培养学生的实践能力和创新能力。具体方法如下：

①改革会计学专业人才培养方案。

构建“知识、能力、应用”综合人才培养计划。培养计划中设置的课程符合教育部会计学专业培训的标准要求，符合专业定位和培养目标。主要课程和主要专业课程对学生的知识、能力和素质有很高的支持，毕业生可以达到培养目标所要求的知识、能力和素质。

②强化课堂案例教学。

通过案例教学，学生可以自己思考和探索实际问题，及时、正确地处理相关业务，从而达到从一个案例到另一个案例进行推论的目的。在案例中，企业在接受审计后发现问题时，要进行调账；或准备进行投资，进行投资决策；企业在改制或合并后出现了资产减值；企业内部管理变革，改变了会计核算方式等，让企业的非常规业务在案例实验中有所体现，培养学生的应变能力。

③加强校内模拟实验室建设。

改革创新实验教学内容和实验教学方法，建立实验教学体系，包括基础实验、综合实验、创新实验等。通过实验教学，不仅有助于培养学生的团队精神和科学思维，而且有助于提高学生的实践能力。综合会计实训中心是由现有会计电算化实验室、审计电算化实验室和会计手工实训室组成的培训中心及模拟实验室。

注重实践教学环境与条件建设。在教学信息化方面，学院具备了教学信息化的条件。学院有比较完善的多媒体教室，各教室基本都有互联网接口，并且整个学校及学院大楼实现了无线网络覆盖。

④建立优质、有效的实习基地体系。

与行业建立紧密的人才合作培养机制，在此基础上建立用人单位与在校生的双向选择，实行订单式的人才培养，形成人才与就业的绿色通道。

3.5.4 完善质量评价体系

完善质量评价体系，是指完善各教学环节的教学质量控制机制和质量控制措施。

（1）制定质量标准

质量标准是教学质量保证的标杆和标准。采用主观和客观评价的双轨制。主观上，我们设定专家评价、同行教师评价和学生评价，以评价教学质量。目前，在标准化方面，我们设定了“优秀”“良好”“合格”“不合格”四个评价标准。

同时，对教学进行事前、事中和事后的标准化建设。

①事前，做到没有合格教师不开课、没有先进教材不开课、没有充分备课不开课。

②事中，即进行授课全过程的听课检查。

③事后，即考核环节，一方面通过卷面成绩考评教师教学效果，另一方面可以通过试卷的检查考核试卷评判的标准化程度。

（2）学院质量保证模式及体系结构

我们尽力采用学院的顶层设计，由学校领导、学校学术委员会、监督组、部门主管和部门秘书组成综合质量保证组织。部门管理主要通过部门负责人监督和教师之间相互检查的方式进行。部门负责人负责组织所有教师的集体讨论，制订和修订人才培养计划，初步审查教学计划，初步审查教材征订计划，毕业论文题目的初步审查，优秀论文选拔的初步审查和学生开题报告的审批等。

（3）质量监控

自我评估和质量控制主要包括检查教学内容和方法、教学督导、教学定期会议、学生评教、教师学习、意见和社会评价等，通过质量信息实施的统计、分析、反馈，目的是改善教学，提高教学管理水平。例如，在教学质量评估中，通过对院系领导评价、教师互评与自评、学生信息员反馈、学生网上评价等方面的信息进行统计分析，将评价结果反馈给教师。

根据本科教学质量监测评估反馈结果，不断修订培训计划和教学内容，经调整，本专业的培养定位与目标与学校定位、专业定位符合，课程设置和培养目标一致性较高，专业教学计划骨干课程和主要专业课程与学生的知识、能力的支持程度较高，毕业生可以达到知识、能力和质量所需的目标，并且有一手的反馈支撑材料。

第4章　地方性大学实施会计学特色教育的路径

4.1　会计学专业实施特色教育的基本原则

随着科学技术的迅速变化和生产力的变化，经济发展全球化，产业结构和经济结构也相应发生变化。因此，就业结构必然会进一步发生变化。特别是互联网、物联网和大数据的出现促进了产业的整合。人们更清楚地发现劳动力素质对国民经济的影响，要求地方性大学进一步定位自己，为地方性大学教育的发展提供良好的环境。地方性大学教育与经济社会密切相关。发展特色专业建设是地方性大学服务区域的发展，服务社会、服务经济的具体体现，直接影响地方性大学教育本身的建设和发展，影响教学人员、教学设施、教学档案和教材的配置和教育资源的使用，进而影响了学生的培养进程，最终成为影响毕业生就业竞争力的关键因素之一。

随着高等教育的普及，面对大规模扩招的局面，培养符合社会需求的高素质人才，提高毕业生就业竞争力，已成为地方性大学生存和发展的关键。特色专业建设是人才培养的主要依据。因此，地方性大学必须树立办学特色，建设具有特色的专业。同时，特色专业建设是地方性大学适应经济发展和产业结构调整，可持续发展的有效途径，也是提高教育教学质量的必然举措。这对于地方性大学提升核心竞争力具有促进和优化的意义。

4.2 会计学专业实施特色教育的主要内容

4.2.1 确立以专业系部为建设主体的发展方向

（1）基于地方性大学会计学特色专业系部为建设主体的发展方向

地方性大学应按照“时代”的要求，按照“加快学校优势和特色发展”的目标，促进自身发展。“内涵建设”符合办学规律，切合高校办学实际，又是工作的具体抓手。我们需要认真把握本质，付诸实践。系（部）是学校办学的基本单元，是内涵建设的着力点。内涵建设的发展目标是否能实现，从根本上取决于能否在部门内部落实内涵建设的要求。从部门的角度来看，内涵建设可以加强专业合作的创新建设，提高办学质量，突出建设优势和特色。会计系作为专业内涵建设的主体与责任人，应进一步坚定特色教育目标，重点突出特色专业建设，注重人才培养模式改革、骨干教师队伍建设、优化创新课程体系，打造一流的辽沈地区高级会计人才的培养平台。

（2）强化专业建设创新

特色专业是指具有较高的整体教学水平和人才培养质量的专

业。它不仅是一个学校的办学理念，是在专业建设、教学改革、人才培养模式等方面具有重要特色的专业，而且也是一个在人才培养质量上具有较高社会声誉的专业。

在这样一个“大众创业，万众创新”的时代，加强专业建设和创新尤为重要。地方性大学必须首先确定学校的专业整体布局，包括专业发展的优先性，例如，包括优先发展哪些专业，重点发展哪些专业，是否要建设特色专业，建设特色专业的目的是什么，哪些专业要建成特色专业，特色专业建设战略方针是什么，建设原则、总体建设目标是什么等。特色专业应首先符合学校学科和专业的整体发展规划和布局，符合社会人才的现状和变化趋势，符合学校的定位、水平、规模、能力和特点。在充分考察社会问题、人才市场需求和经济技术发展需要的基础上，参照其他大学的运行条件，学校应根据其运行历史、运行能力和运行绩效制定专业发展和调整的战略规划。

学校发展的核心建设是专业建设，特色专业建设是整个专业建设的核心。专业特色包括三个方面。第一是“人无我有”，即独特性。在发展的过程中，专业逐渐形成自己独特的特点，以适应其发展。第二，“人有我优”，即质量。在培养目标、课程设置和教育实践方面，特色专业优越。第三是“人优我新”，即创新。特色专业反映同类型大学相关专业的发展现状，代表了发展方向，具有长远性的发展目光。

专业系部建设发展具备前瞻性。会计学特色专业建设不仅要考虑当前行业的技能需求和应用金融经济人才的地位，还要考虑反映经济建设和前瞻性的先进理念、领导专业的知识结构。

地方性大学的特色专业应首先体现“地方性”，地方性大学办学的原则是面向当地，培养当地经济建设中急需的生产、建设、管理和服务的一线人才。其次，特色专业的建设必须以市场需求为出发点，结合学校现有条件和教师进行。随着当地社会经济环境的变化，人才需求也不断变化，这时需要及时调整教学目标、内容和方式。

（3）把握办学质量提升

质量应该是促进会计学专业发展的首要任务。教育发展的关键是不断提高教育质量，而提高教育质量的关键是如何促进专业部门的建设。要培养能力强的会计学专业学生，首先要建立一个能力强的会计学专业（系）团队；其次把实践导向作为会计学专业发展的基本方向，培养具备一定实践能力的专业应用型人才。因此，实践导向的基础是会计职业发展的必然方向。只有不断提升各大部门的实践操作能力和分析能力，才能更好地适应以实践为导向的专业发展。

①制订人才培养方案。制订和优化人才培养计划，构建经济社会发展所需的课程体系。培训体系应以校企联合培养模式为基础，建立完善的培训计划。培训计划应以未来发展为基础。通过广泛调查人才需求和就业市场、探讨行业和企业的岗位、能力需求和就业潜力，校企共同制订可行的人才培养计划。

②积极推进课程内容建设与改革。改革课程教学内容，加强新的教材建设。课程内容应减少过时的内容、过时的技术知识和观点，满足经济发展的需要，充分体现相关领域的新要求、新发展和新思路。同样，对于外语要求较高的行业，应加强双语教学的课程设置，提高教学质量，积极引进和使用优秀的国外教材。

③加强师资队伍建设。在会计学专业建设过程中，要不断完善“双师”型教师的激励措施。鼓励教师参加“会计学专业竞赛”等以提高专业技能；同时，要鼓励和安排专业和兼职教师相互结合，提高教学水平。

④加强实验与实践教学环节。会计学是一门对实践能力要求很高的学科。加强会计学实践教学建设是会计学专业未来发展的首要任务。近年来，各高校越来越重视会计学专业实践教学，但普遍存

在教学软硬件设施、实习实践时间、评价机制以及师资力量不足等问题。

实习实践时间应不少于一年，学校和实习单位的学生评价机制应有所改善。

⑤建立健全教学管理机制。合理配置理论课程和实践教学时间，建立科学合理的考核机制，促进教学与学习的共同成长。建立应用型创新人才培养实践与培训基地。

⑥建立和完善就业保障机制。与企业建立长期人才培养机制，签订人才培训协议，从企业人才需求出发，实施订单式人才培养，打造绿色就业渠道。让学生在学校期间根据企业实践的要求，完成系列的培训，了解和掌握实际工作过程，不仅可以弥补纯理论知识的不足，提高学生的专业素质，增强学生的就业选择空间，学生可以更快地进入工作岗位。

（4）突出优势特色建设

特色专业的建设和发展是一个漫长的积累过程。特色专业的产生和发展依赖于特定的、具体的内部和外部环境因素。沈阳大学作为地方性本科院校，决定了特色专业的生成和发展的内部环境，包括：培养对象、教师素质、办学条件、学校整体定位。服务于地方，决定了特色专业产生和发展的外部环境必然是沈阳市、辽宁省乃至整个社会经济发展的需求。

①实施分方向培养，确定具有国际化视野的培养方案。会计准则的国际化是当今会计学专业发展的重要方向。它也是实现会计教育国际化的基础。

②专业发展定位要具有前瞻性。会计学特色专业建设不仅要考虑当前行业的技能需求和应用金融经济人才的地位，还要考虑反映经济建设的先进理念和领导行业的前瞻性知识结构。应通过调查研究，及时了解和掌握未来应用型金融人才的能力需求，动态、及时地调整人才培养模式，确保受过培训的人才能适应社会发展的形

势，适应社会经济的变迁。

4.2.2 以专业人才培养标准制订人才培养方案

根据当地经济发展需要和学生供给的现状，对人才培养计划进行改革。由于民营企业的成本和效益，内部分工不可能太详细。会计学专业人员不仅要具备会计相关职位的技能，而且要具有较高的综合素质，适应多种职位的专业需求。其次，辽宁地区是以制造业为主的重工业基地，它对会计学专业人才的需求主要是熟悉会计系统处理技术，具有较高的专业判断能力和现代化的信息处理、分类、分析能力，熟悉会计法律、规范，可以通过资金预算、绩效考核、战略管理、跨国融投资决策等方法实现企业经营活动的控制与风险规避的专业人才。最后，民营企业的经营更加灵活，经营业务不断变化，新业务不断发生。因此，地方本科院校的会计培训目标要求学生不仅要有专业基础理论知识优势，还有较强的专业判断能力。

（1）会计学专业人才的培养标准

人才培养质量是制约地方性大学发展的瓶颈。培养标准的制定不仅要满足社会经济发展的需要，还要满足学生个体职业发展的需要。

由于会计学专业人才培养的方向是实用型和应用型人才，这一特点要求根据专业岗位的需要，在过程中培养人才。为了缩短学生适应岗位的时间，理论与实践在教学中密切相关。为了培养满足特定职业需求的人才，应该采用人才培养的标准来衡量。为了满足学生的长远发展，我们还必须考虑如何提高学生的学习和发展能力。

各个专业培养的标准是不同的。根据会计学专业的特点，会计学专业人才培养标准应包括与就业前景对接，与职业标准对接，与工作过程对接，与职业资格对接，与终身学习对接。

①与就业前景对接。地方性大学会计学专业标准的设置要在对

行业现状进行充分调研的基础上，密切结合行业需求，主动服务于地方经济。通过调研，分析得出地方性大学会计学专业的学生就业岗位现状，进而有针对性地设定相应的培养方案。专业教学标准的制定主要是通过专业人才培养方案的制订体现出来的，这就要求在制订专业人才培养方案时要充分关注专业标准和职业岗位的对接。

②与职业标准对接。会计学专业课程的开发应充分考虑会计学专业的需要，以会计学专业为主体，作为课程设置的基础。个人素质、专业知识和专业技能是会计人员的必要条件。个人素质体现在职业道德、社会责任、个人特征和基本技能。专业知识包括会计、审计和内部控制、预算、成本会计、财产清单、财务报告、财务分析和管理。专业技能是指战略和风险管理、企业绩效评估和财务报告、审计、财务管理、管理决策、税务规划能力等。因此，课程标准制定应遵循以下原则：第一，强调培养学生职业道德；第二，重视对学生实践能力的培养；第三，课程标准的制定必须结合学生的知识能力水平。课程标准的内容包括：课程性质、教学目标、教学内容、考核方式、成绩评定等。课程标准要结合职业标准进行相应的调整、修订和完善。

③与工作过程对接。会计学专业的培养应以能力为基础，突出对学生能力的培养，在具体的工作过程中不断锻炼和提高能力。在学习专业基础知识、专业技术知识和专业操作技能的基础上，学生可以通过实践培训课程、实习课程、实践练习、模拟实践教学，进一步了解理论知识，提高理论教学内容的教学效果。实践教学还可以有效地培养学生的创新能力，提高学生的素质。因此，实践课程应贯穿教育教学的全过程，将理论教学与实践教学有机结合，积极探索生产、教学、科研有效结合的实施路径。

④与职业资格对接。将职业技术资格考试内容纳入课程体系，不仅可以有效提高学生的学习兴趣，还可以提高学生的学习热情和兴趣。同时，也可以帮助学生获得雇主的认可，获得更多的

机会。

⑤与终身学习对接。随着社会的快速发展，企业需要越来越多终身学习的人才，与时俱进。引导学生学习是当前教育的重要责任。我们不仅要引导学生认识到学习的重要性，而且要同时引导他们学习如何获取、掌握和应用知识，培养学生积极获取、掌握、研究和创造知识的能力。

（2）会计学专业人才培养方案的改革

①制订合理的学分制人才培养方案，确保分型培养模式有效实施。所谓“分方向人才培养模式”，是指基于用人单位对不同人才的需求以及对学生个性差异的分析，学生自愿选择专业层次和专业发展方向的新型教育理念。分方向人才培养方案的本质就是差异化教学，体现因材施教，它赋予了学生比较多的学习选择权，实行了“以生为本”的教育理念。

②重构会计学专业“分方向人才培养模式”的课程体系。沈阳大学会计学专业为适应市场需求适时地增加和调整相关课程，如增加开设内部控制和风险管理评价相关课程，开展百篇经典阅读以及各种形式的专业竞赛、社会调研和科技创新活动。培养目标和培养方案是特色专业建设的主线，在专业培养目标上突出专业定位特色，在人才培养方案中体现课程特色、培养方法的特色等。

（3）国际会计（ACCA）人才培养方案的改革

会计学专业特色教育培养方案主要立足学校优势，借鉴国际先进教育理念，结合我国会计工作实际情况，设计培养方案。以ACCA课程为例，具体改革方案参考如下：

①主要课程：微观经济学、宏观经济学、会计学基础、财务会计学、成本管理会计、财务管理、财务会计软件应用、Accountant in Business（会计师与企业）（F1 英文）、Management Accounting（管理会计）（F2 英文）、Financial Accounting（财务会计）（F3 英文）、Corporate and Business Law（公司法与商法）（F4 英文）、

Performance Management（业绩管理）（F5 英文）、Taxation（税法）（F6 英文）、Financial Reporting（财务报告）（F7 英文）、Audit and Assurance（审计与认证）（F8 英文）、Financial Management（财务管理）（F9 英文）、Strategic Business Leadership（战略商业领袖）（英文）、Strategic Business Reporting（战略商业报告）（英文）、Advanced Financial Management（高级财务管理）（英文）、Advanced Performance Management（高级业绩管理）（英文）、Advanced Taxation（高级税务）（可选择/英文）、Advanced Audit and Assurance（高级审计与认证业务）（可选择/英文）。

②学制与学位：四年（管理学学士）。

③要求学生在校期间，参加全国大学外语四、六级考试；参加全国高等学校计算机考试；鼓励学生在校四年期间争取通过相对应的岗位资格证书考试；鼓励学生在校四年期间要争取通过 ACCA14 门国际注册会计师资格证书考试。

④各学期学分分配表，科学规划选修课程比例、学分计算等，与英国、美国等发达国家的要求基本保持一致，具有国际可比性。

（4）更新国际会计人才培养目标

转变传统的人才培养理念，突破传统的人才培养模式，以应用型人才培养为目标，全面重建以人才为导向的人才培养计划。坚持以国际化、信息化、应用为主导，将学士学位资格教育、国际教育和素质教育相融合，通过课堂教学、模拟实训、企业实践相结合的系统培训，努力将学生培养为精通国内外相关会计知识，并能熟练运用会计专业英语和会计软件、企业信息化，具有在复杂的国内外经济环境中从事会计工作的能力，掌握计算机应用基础知识，熟练运用企业信息财务软件，具有一定的中外文献检索能力，信息查询能力强的复合型高级会计人才。

4.2.3 构建校企合作的培养模式

《会计行业中长期人才发展规划（2010—2020年）》指出，传统的会计执业重心正经历由以核算为主的财务会计向参与战略管理和流程优化的管理会计倾斜的过程，这一演变体现了经济社会的变革以及社会对人才的需求。从知识层面的转变能力水平使会计职业的角色功能必须进行必要的变革和重新定位。因此，高校会计人才的培养应及时反映社会的需求。通过沈阳地区企业了解，我们迫切需要会计管理人才。根据我校开展的校企培训新模式，我们的会计学专业协会应重点关注人才培养计划的设计、教师队伍建设、实践教学环境的改善和教学设计的实施，从而为人才培养创造更好的条件。

会计学专业（包括国际会计方向）在适当的时候建立校企合作的人才培养模式，旨在培养社会上需要的跨学科、国际化、务实创新的会计人才。

（1）校企合作的含义

校企合作只是学校与企业之间建立的一种合作方式。在当今社会，竞争越来越激烈，就业压力越来越大，正是由于这些原因，地方性大学必须寻求更好的发展，提高毕业生就业率，开始走校企合作的道路。学校为企业培养企业需要的人才，针对企业有针对性地培养人才，注重人才的实用性和有效性。

国际上把校企合作称为“合作教育”，国家教育委员会将其定义为“教育合作”。教育领域的合作是课堂学习和通过相关的生产工作经验和研究的结合的结构化教育战略，即未来工作领域与其学术或职业目标相关。合作教育通过理论与实践相结合提供进步经验。合作教育的主体是学生，教育机构和雇主之间都具有责任感。学校与用人单位合作，以培养人才的整体素质为目标，是教育模式，是学校与相关行业的企事业单位之间的合作关系。它是双赢机制下的一种特殊形式，在学校和企业中共同发展，这是世界合作背景下的必然要求。在这种合作模式下，学校作为校企合作的参与者，在校企合作中扮演着主要的组织规划者的角色。合作模式，企业在一定程度上发挥评价者的作用，评价在校企合作模式下受过培训的学生的素质是否符合他们的发展需要。此外，在校企合作的模式下，学生不仅发挥劳动者的作用，还发挥学习者的作用。课堂教学与实践工作相结合，贯穿于人才培养的全过程。同时，学生参与的生产实践符合未来工作领域的工作内容。校企合作具有广泛性，包括合作发展计划、课程开发、教师培训、合作理论研究、学生就业招聘、实践教学等方面的内容，实质上是利用双向不同的资源，使学校和企业共同参与，形成优势互补、密不可分的模式，以培养应用型人才为主要目的。

校企合作是实现高效、有效地培养应用型人才，企业和学校互动的手段，不仅有利于调动企业教育的积极性和主动性，有利于提高学校的水平，也有利于学生提前了解企业文化，加强学生对企业的认同，增强学生的合作意识，提高学生的综合素质和技能，为国家培养越来越多的实用型人才。

（2）校企合作对地方性大学就业率的影响

①校企合作有利于提高学生职业规划意识。职业生涯规划的制定对大学生的发展起着重要作用。通过制定职业生涯规划，我们制定了学生们自己的职业目标，然后确定了就业方向，找出了自己的优势和劣势，坚持自己的优势，并通过锻炼来改善自己的缺点。这样，学生们就会刻意去做，在学习和生活中培养自己的一定素质，提高就业竞争力。经实践证明，通过校企合作培养的学生能更好地了解如何高质高量地完成学习任务，如何规划自己的学习任务，大学生活合理有序，可以更好地满足未来职业发展的需要。因为从入学的那一刻起，校企合作的学生就逐渐了解了自己的地位，进入社会后的竞争优势更加明显。

③校企合作有利于提高学生的就业率。校企合作更加注重应用型人才的培养，尤其是会计实务专业的培养，具有重要的意义。对于开展校企合作的高校毕业生的就业情况，我们认为就业前景比较乐观，学生更多地从事与自己的专业和行业相关的工作。实践证明，通过校企合作模式培养的学生可以更加了解如何改善自己。与尚未建立校企合作机制的学生相比，学生有更多机会参加学校的实训和实习，使他们更熟悉工作程序和工作环境。此外，通过模拟工作场景，学生可以更轻松地适应未来的职业环境，为学生提供直接工作的基础。

④校企合作有利于提高学生的专业学习能力。一些大学生进入学校后，完全放松自己，思维上有一定的错误，认为专业学习与就业无关，在理论上降低自我要求。从长远来看，专业理论知识的学习不扎实，面对就业，无法满足用人单位对专业的要求。在校企合作模式下，学生可以参照企业实践需求，调整相应课程，随时调整自己，朝着企业需要人才的方向，准备好各方面的工作，让自己不仅可以学习理论知识，而且还可以提高自学能力，完善理论和实际，即使毕业后不去合作企业工作，也可以让自己比没有校企合作经验的其他同类专业人士有更好的就业机会，因为，一方面，这些大学生会看到专业合作企业的力量和需求提高自身的能力，另一方面，他们会得到建议在其他大型企业工作的机会。

⑤校企合作有利于提高职业素养。San Francisco 在其著作《职业素养》中将职业素养定义为："职业素养是人类在社会活动中需要遵守的行为准则，职业的内在要求，以及人在专业过程中表现出的综合素质。它主要包括与职业相关的理想信念、个人道德和态度、责任感和价值观、创新和创造力、情商、抗挫折和抗压力的能力。"在职业竞争中，职业素养起着非常重要的作用，不仅提高了对竞争性就业的要求，也规范了学生就业的竞争力。近年来，许多地方性大学采取了校企合作模式，提高了学生的专业素

质，效果明显。通过企业实践，学生逐步缩小了实际工作与他们学到的东西之间的差距。在学校，不仅提高了理论与实践相结合的能力，而且让学生提前初步了解工作场所的真实竞争，提高学生的就业竞争力。

⑥校企合作有利于提高人才培养的针对性。地方性大学和企业的合作办学模式进一步提高了高等教育的功能，优化了教育模式，使培养人才和服务企业的结合更好地发挥资源优势，满足企业的发展和需求，提高学校的教育水平。办学质量的提高进一步促进学生全面发展。因此，高校应优化自身的教育规划，调整课程设置，加强与当前社会需求的联系，并结合实际，达到最佳教学效果。通过校企合作，以就业为导向，以专业课程体系为特色，加强实地工作，明确学生入学后的目标和方向，强化就业理念。

（3）国外校企合作培养模式

在100多年前，欧美国家就开始了高校和企业之间的合作。1980年以来，一些发达的国家已开始了对高校和企业之间合作的深入研究。

①德国的校企合作模式。

“双元制”始于20世纪20年代，是德国职业教育的早期形式。德国企业广泛参与职业教育主要是受文化、社会价值和社会责任等因素的影响。因此，职业教育形式为第二次世界大战后德国经济复苏和发展提供了强大动力，特别是在人力资源方面。

“双元制”是国家教育部门与企业之间深入合作的典范。通过两者的合作与交流，可以交换信息，促进理论与实践的结合，弥补相关方面的不足。这可以培养一批具有扎实的理论知识和灵活的实践能力的高端技术人才。但是，国家教育部门与企业在“双元制”上的合作还有很大的提升空间。它为受益人提供了更广泛的个人教育，使他们更加熟悉社会，这已经成为“双元制”在实际工作中的主要目标和教学目的。

②日本的校企合作模式。

日本的产学研合作被称为“官产学研”，这说明了在日本的校企合作中日本政府对此起着主导作用，政府通过制定相应的政策和法规，推动引导科学技术的产业化发展。1956 年，日本开始实施“教育制度”。1958 年，日本政府建立了委员会研究体系，鼓励企业委托大学或科研机构进行研究开发，鼓励大学接受企业委托，为他们培养高水平的研发人才。1981 年，日本建立了产学研合作体系。20 世纪 90 年代以后，日本将产学研合作作为日本的基本国策，建立了相关组织。

为了使校企合作得到更好的发展，政府还对高校和企业实施了更多的优惠政策，进而提高科研成果的应用率，为校企合作提供更加优越的环境条件。

一方面，为了促进校企合作的进一步发展，推动新技术的研究创新，建立有利于校企互动的政策体系，日本政府出台了协调制度——大学与企业之间的研究合作联合组织。

另一方面，为了加大高校和企业的合作力度，促进高校科研成果更加有效地转化为企业的实际生产力，日本政府在高校和企业相对密集和集中的地方建立了促进科研成果转化的高科技市场。

③美国的校企合作模式。

美国政府高度重视校企合作，美国的科技创新及其市场应用，可以说在一定程度上源于美国校企合作，有人认为，美国近代的发展史也可以称作是一部产学研合作的历史。

在美国，随着科技与生产关系的日益密切，逐步形成了大规模的产业集团。对于高科技产业，与高校合作可以为高科技企业提供优秀的青年人才。大学也借此机会为教育，特别是研究生教育提供大量资金支持，并为大学开展实践培训基地。其研究课题一般由大学和企业共同提出，研究成果可用于企业改进技术，提升创新水平。

高校科研受益于企业资助，主要表现在以下几个方面：

第一，高校科研受益于企业的资金赞助。企业对大学科研利益的资助主要包括捐赠和专项科研补贴。大多数能为高校科研提供大规模经济援助的企业是具有相当实力和水平的企业集团。这些企业集团的高校自主科研不是要获得更大的利益，而是要与高校保持良好的合作关系，为今后的合作研究奠定基础。

第二，高校科研工作得益于企业的设备资金。企业为高校科研设备提供资金的主要途径是纯捐赠和名义收费。无偿援助是这种援助的主要形式和最大特点。

企业与大学的合作研究是校企合作的主要形式之一。根据合作的组织形式，可分为以下几类：

第一，签订合同。合同研究形式是指大学根据企业的要求决定研究对象，企业与大学以合同的形式进行限制与合作。项目完成后，大学将研究成果转交给校长，帮助企业实现科研创新，提高企业的科研能力。

第二，一般来说，提供特殊的科研补贴需要一定的条件。首先，这些主题一般是由大学的学者或教授提出并具有一定的研究价值。其次，这些主题通常在某一学术领域有一定的或很大的风险。最后，本课题的研究成果对企业的实践具有重要意义，可以用来解决企业感兴趣的技术问题。这样，如果企业对研究课题感兴趣，他们可以与大学达成合作协议，为研究课题提供专项补贴。结合高校科研优势、人力资源、企业资金和设备资源，相辅相成，不仅提高了企业的创新能力，还为企业提供了更多的创新成果。

第三，建立校企合作研究中心。这种形式的高校通常在学校设立校企合作研究中心，研究中心有大量的研究资料，来自企业大学的研究人员和先进的科研设备，作为大学的平台。与企业合作，提供共同研究的场所、研究人员。研究中心是独立的，其建立通常包括两种方式：一种方式是大学的专家提出一个主题，企业对这个主题感兴趣并参与其中；另一种方式是政府倡导和建立研究中心。

在美国，大学参与企业研究的大部分校企合作。具体形式包括两种：一是大学进企业，例如，大学教授去企业教学，进行学术报告，大学研究员临时参与企业学科研究，以丰富自己的实践能力。第二，企业进入高校。例如，一些员工从大学招聘，从事某些学科的研究，学生有机会进行实践。企业的科研人员到大学学习并获得学位。目前，在某些地区如高科技密集区和科技园区，高校通过参与企业研究取得了良好的发展。

近年来，美国在高科技密集地区建立了许多科技园区。相对成功的科技园区有一个共同点，它们主要依靠著名的研究型大学。例如，北卡罗来纳州的金三角科学园区和斯坦福大学的硅谷科学园区。它对大学和企业都具有重要意义，是高校科研人才的充分运用，是发挥高校科技成果辐射效应的重要途径。

（4）校企合作培养模式

我国在校企合作的理论和实践方面，同西方发达国家相比起步较晚。但在近十几年，随着我国社会经济持续快速的发展，校企合作培养也取得了迅速的发展。我国不少专家和学者对校企合作培养的模式进行了深入的探讨。根据不同的标准，我国的校企合作培养模式可以划分为以下几种：

①按合作主体划分。

在校企合作培养的过程中，校企双方发挥的作用有所差异，根据起主导作用的主体不同，可将校企合作培养分为以下几种基本模式：

第一，政府主导型。政府合作是指政府在形成、运作到结束的整个校企合作过程中发挥主导作用的合作模式。在 1949 年至 1978 年的计划经济时期，中国校企合作的主要模式是政府主导模式。稀缺人才的短缺使政府指导大学或研究机构，并敦促大学和企业合作解决技术问题。同时，培养了相应的技术人才，促进了科学技术的快速发展。这种模式以政府为主导，不仅构建了校企合作的平台，而且提供了相应的政策支持校企合作，或采取政府投资方式，如支持大学-企业合作文化和科学研究、经济发展，为社会提供前沿技术和所需人才。

第二，企业主导型。企业主导型是指在校企合作过程中，企业作为主体，根据自身发展所需的人才和技术与高校合作。在这个过程中，企业既是人才培养的主体，又是研发活动的主体。企业化校企合作的优势如下：企业作为市场参与者熟悉市场和社会经济发展方向，可以快速了解企业发展需要什么样的人才和技术，避免浪费时间。同时，企业拥有先进的设备和雄厚的资金。这为人才培养和科研活动提供了坚实的基础。但是，这种模式也存在一些不足。例如，由于对国外先进技术的依赖，一些企业目前不重视自主研发，导致校企合作动力不足。

第三，高校主导型。换句话说，在校企合作过程中，校企合作以大学为主体，与企业合作进行研究和人才培养，目的是提高教学质量和水平，为社会提供优秀的创新人才，学校可以利用企业在资金和设备方面的优势，将研究成果产业化。

②按“双导师”制划分。

根据在校企合作培养中，校企双方发挥作用的差异并结合当今普遍实行的“双导师”制，主要将校企合作培养模式分为四类：校内导师主导型、双导师兼顾型、校外导师主导型及校外独立导师型。

第一，校内导师主导型。该模式是指以校园内的导师作为主导教师。学生的主要课程、科学研究和实践由学校的主要教师负责。外部辅导员与学校教师合作，指导学生进行科研和实践，培养学生的实践能力和创新能力，使他们能够掌握最新的需求和发展趋势。这种合作模式可以使学生获得理论知识的指导，掌握系统的专业知识，不偏离学校的学术氛围，增强学生的实践能力。但是，这种模式的缺陷也是显而易见的。虽然学校教师具有较强的理论知识和研究能力，但他们可能无法了解实际需求和社会经济发展趋势和方向，使学生无法更好地适应社会和企业的需求。

第二，双导师兼顾型。这是一种非主要模式。在这种模式下培养的学生具有优势。学生的培训计划由教师和企业决定，包括研究方向、专业课程选择、实验安排和实践安排。双导师模式结合外部导师提供的经济发展和社会需求的最新趋势，根据当前教师研究的优势，以及当前社会需求的发展趋势、研究方向、参与相关的科研项目，使学生能够满足社会的需要，理论联系实际。

第三，校外导师主导型。该模式是指学生的合作培训，以企业导师为主导，学校导师为副导师。学生的培养计划、学校的选课，研究课题和方向主要由学生安排，企业导师，对学生的培养起着辅助作用。这种培养模式在大学生培训中并不常见，可以用于高职院校的定制培训。

在外部导师带头的模式下，学生可以通过外部导师的培养，及时了解当前的社会经济发展趋势。同时，他们可以更深入地了解企业管理和运营，发挥他们的查找和解决问题的能力，提高他们的综合素质，并与社会需求相结合。他们需要通过系统学习理论知识来培养专业技能和学习能力，从而在实践中具备更多的创新能力和解决问题的能力。

第四，校外独立导师型。在这种模式下，课程安排由外部导师进行，学校只需要配合外部导师的安排，完成相应的教学和实验任务。这种模式还没有出现在当前的校企合作培训中，更多的是适合对工程实际操作较强的学生进行培训。大多数外部导师是企业的技术人员或高级领导，具有丰富的实践经验，缺乏系统的专业知识和理论体系。对于大学生的培养，我们应该重视理论与实践的结合，运用我们所学到的知识实践，从实践中加深对专业知识的把握，使之成为一名精英人才。

根据我国目前的情况，我国校企合作的发展还不成熟，存在一些问题和不足，如相关法律法规不健全；政府不占主导地位；产权问题；双方的合作关系不明确；没有评价标准和评价体系；由于双方观念不同，缺乏合作等问题仍有待完善。

4.2.4 “双师”型师资队伍建设

（1）“双师”型教师的定义

“双师”型教师一词为我国职业教育界所独创。1990 年 12 月 5 日，《中国教育报》第 3 版刊登了文章《建设“双师”型专科教师队伍》，文章介绍和分析了上海冶金专科学校培养“双师”型教师队伍的具体做法，这是“双师”型这个概念第一次提出。1995 年国家教委对“示范性职业大学建设的标准要求”是：“师资队伍结构合理，水平较高，专业课教师和实习指导教师基本达到‘双师’型要求。”这是中国教育行政主管部门在政策上首次正式提出“双师”型教师的概念。在此之后的十多年，专家学者站在不同的视角，对“双师”型教师这一概念进行了界定，但始终未能形成一个公认的概念界定。

目前，“双师”型会计专业教师的界定主要是：

①“双证书”型，即“双师”型教师应当具有职业从业资格证书与高校教师资格证书。

②“双职称”型，即“双师”型教师应当具有高等院校教师系列职称与会计专业技术职称。

③“双能力”型，即“双师”型教师应当既能胜任高等学校理论教学，又能指导学生实践教学。

④“双融合”型，即“双师”型教师应当既持有“双证书”或既具有“双职称”，又具备“双能力”。

“双师”型会计学专业教师队伍建设要以专任教师“双师”素

质能力提高和专兼结合“双师”结构教学团队建设为重点，实际上是要将他们建设成为高水平的理论与实践相结合的师资群体。

（2）各高校在会计学专业师资建设中存在的普遍问题

国民经济发展转型升级迫切需要高等职业教育提高服务业能力。但是，许多教师，特别是青年教师缺乏实践经验，工业企业的兼职教师缺乏准入机制，专业发展受到专业人士的限制。地方性大学教师不能满足产业发展的要求，教师的科研能力不足，企业的研发服务有限，专业教师对产业认识不足，知识技能更新步伐跟不上国家对技能型人才的需求。这些都是高校师资建设中存在的普遍问题。

①缺乏专业的会计教师，缺乏“双师”型教师。近年来虽然“会计师”“注册会计师”“经济师”等具有专业资格证书的教师人数大幅增加，但总体比例仍然很小。此外，尽管许多教师具有“双证书”，并且具有丰富的会计理论知识，但他们缺乏会计工作的实践经验，在实际操作上也很薄弱。

②会计专业教师工作繁重，没有时间或精力去学习和提高实际操作水平。会计学专业是一项需要不断提高运作能力的专业。但是，由于学校要求教师进行教学、研究，甚至担任校长，会计学专业教师没有时间和机会学习实践技能，因此很难进行综合教学，提高教学质量。

③兼职教师的聘用和管理机制尚需完善。一方面，由于传统的体制问题，学校对来自企业的专职教师聘用一直采取保留态度，这将大大制约学生的会计实务操作能力的提高。另一方面是聘用企业兼职教师的相关问题。兼职教师大多来自企业，具有丰富的实践经验，但由于缺乏教育学、心理学等方面的培训，学生可能难以适应其教学方法。

（3）“双师”型教师队伍建设有利于地方性大学的发展

①“双师”型师资队伍建设有利于实现培养目标和培养模式。

“双师”型教师是教育的特色要求，是教师队伍建设的目标。它是教学的主导力量，是人才培养质量的保证。因此，要改善地方性大学的人才培养目标以及培养模式，在教学工作中不仅要注重基础素质的培养，还要注重对技能和技术的应用能力，改变过去只有理论教学、追求系统完整的理论体系，以单向灌输为主等无法适应培养应用型人才的现实需要。

对于大学教育，培养目标的实施应具备一定的特色，在专业设置上应当充分体现“一专多能、一人多技、具有较高综合素质”的应用型人才培养要求，这就要求必须有一支高素质的“双师”型师资队伍，这是地方性大学特色专业教育生存发展的关键。为了使培养目标得到更好的实施，学校在教育教学改革中应当对于专业教学计划和教学内容等方面进行全面调整和提高，将国家职业技能鉴定的核心内容和技术要求渗透到教学实践中，编写实习方案，将理论教学、操作训练和顶岗实习的学时比例进行调整，实施理论教学和技能训练交叉进行的教学方法，加强实践教学环节。因此，培养教师的专业技能和完善操作指导能力不仅成为“双师”型师资队伍建设的任务，也成为地方性大学特色专业建设改革发展的重要环节。

②“双师”型教师建设有利于促进学生就业。

地方性大学开展校企合作“双师”型教师队伍建设，以企业的相关要求和学生职业能力为标准，制定地方性大学“双师”型师资的培养目标。作为地方性大学“双师”型教师，不同于其他普通高校教师，只有扎实的专业理论知识是不够的，还必须具备扎实的实践能力，对企业也应该有一定的了解。只有符合这些条件的教师才能达到教育教学中学校培养目标的要求，培养出来的学生才能更快地适应社会发展，满足企业的需求。地方性大学“双师”型教师的建设是满足地方性大学特色专业建设的基本要求的重要组成部分。

通过调查发现，沈阳大学已明文规定教师必须下企业锻炼，并将此考核指标与专任教师目标管理考核奖、评优、评先挂钩。许多参加下企业锻炼培训的教师，不仅提高了专业技能，而且熟悉了解了企业，了解了企业岗位职务要求，解放了思想，转变了教学观念，积极开展学校专业教研和教改活动，成为学校专业学科带头人、课程改革的排头兵。通过培训，学校还与企业架起了沟通的桥梁，积极为用人单位输送毕业生。

③“双师”型教师队伍建设有利于促进教师能力全面提升。

全球经济一体化和高新科技的飞速发展，加快了知识积累和更新速度，作为教师只有理论知识不能满足社会发展和教育的需要，传统的一次性高等教育已经不能适应经济社会发展的要求，只有不断学习和更新知识，才能避免落后甚至被淘汰出局的局面。现在社会和用人单位要求学校培养的学生不但要有一定的专业知识和技能，而且要有不断学习的能力，这样才能迅速地适应快速发展的时代。这就需要地方性大学教师树立终身学习和终身服务的思想，通过自学、培训、去企业锻炼等学习方式，提高自己的专业知识和业务能力，以适应时代发展对人才培养的需要。

开展校企合作是培养教师达到这一目标的有效途径，教师到企业学习和实践是对理论与实践相结合的检验。通过参与企业的生产经营活动和科学研究，提高教师的实践能力和理论应用能力，丰富教学质量。同时通过校企合作的实践，教师将在企业学到的新知识、新经验、新案例融入教学之中，能促进教育教学质量的提高。

（4）荷兰应用型科技类高校的“双师”型师资队伍建设现状及经验启示

在荷兰应用型科技类高校的的师资队伍建设中，虽然对教师没有“双师”型这一称谓，但是在实际的操作中，学校是严格按照“双师”型教师的标准来建设其师资队伍的。

①荷兰应用型科技类高校的“双师”型师资队伍建设现状。

作为欧盟人口密度最高的国家——荷兰，地少人多的国情使其必须发展知识经济。应用型科技大学在知识的生产和运用之间建立密切联系，促进了知识经济的发展，使荷兰的竞争力始终排在各国前列。荷兰也高度重视应用型科技大学的师资培养，各学校的继续教育和专业发展进修活动及形式多种多样。

近年来，荷兰应用型科技大学的师资规模不断扩大。在教师选聘上更重视教师的实际应用经验。大多数教师是从具备实际工作经验的管理人员中聘请的，这些人了解学生的水平，知道在哪些方面加强对学生的培训，这样才能够有目的地实施教学。同时他们有丰富的生产经验和管理经验。学校领导也认为，教师要不断提高自己的业务水平，到一线了解不断出现的新情况、新问题并加以解决。因此，许多科技大学与企业的联系都是非常密切的，经常聘请经验丰富的企业人担任兼职教师或是开展专门的讲座或新课程，以传授新的知识，将实际生产中的问题和难题，及时反映在教学工作中，将理论知识与实际应用相结合，既有利于教学，又有利于生产。

注重教师的岗位继续培训。许多学校为自己学校的老师提供培训和进修的机会。有些学校一方面要求教授定期参加校外学术交流和进修，继续开展教育活动；另一方面学校自己设立了教育培训中心，为教师提供培训。有些学校建立四级教师进修网络：州—州所辖行政区—行政区下属的教育局—本校内部培训。如果要参加实践型教育，教师可以在企业工作一个学期，以了解实践领域最新发展的状况，但这种在企业中的学习需要4年的时间才有机会。为了鼓励教师参与学习，还规定每4年教育局将对教师进行严格的考核，考核结果将与教师晋升有关。

②荷兰应用型科技大学“双师”型师资队伍建设经验启示。

第一，聘用准入制度严格。国外成功的应用型科技大学在教师的聘用准入制度方面要求非常严格，分别体现在以下四个方面：

首先，是对教师学历的要求。国外的应用型科技大学大多都要求任职教师具备硕士研究生及以上学历、学位。德国的教师需要具备硕士及以上学位；法国应用型科技大学规定教师需具有博士学位。对教师学历的高标准是国外应用型科技大学高质量教学的首要保证。

其次，是对教师资格的要求。国外应用型科技大学对教师资格的要求十分严格。德国规定在上岗之前必须具备教师资格证书。教师资格证书是指从相对正规的大学毕业后，首先在第一次国家考试中取得实习资格，且实习不少于 18 个月，然后在第二次考试中取得了转正资格，即获得国家统一要求的教师资格证书。对于应用型科技大学的教师资格要求更加严格，不仅要取得教师资格证书，同时应具备博士毕业后至少 5 年的公司经验的条件。这种不仅仅注重资格证书，而且要求在获得资格证书的同时具有丰富实践经验的教师聘用标准得到了国外应用型科技大学的广泛应用，这无疑是成功的。

再次，是对教师任职体制的要求。国外应用型科技大学的教师任职体制基本不实行终身雇佣制，在职业生涯中，教师始终严格要求自己，与时俱进，这样才能不被解雇，才能缓解从业压力。短期合同制教师连续两年都不能通过考察，将被学校解聘。

最后，是对教师年龄的要求。国外应用型科技大学普遍存在中年教师的比例多于年轻教师比例的现象，也就是说教师大多数年龄在 35 岁以上。这是因为相关行业、企业的实践经验必须在相当长的一段时间内才能完成知识的积累，这与前面提到的聘用教师时要求具有丰富的职业实践经验紧密相关。

第二，扩大兼职教师比例。国外应用型科技大学师资均有“兼职教师多”这一特点。在德国，兼职教师的聘任比较普遍，专任教师占教师队伍的 40%，兼职教师占 60%，有的甚至高达 80%。

兼职教师因来自企业生产一线，具有丰富的工作经验和高超的行业技能，能够有效地把实践与理论结合起来，传授的内容也正是学生最需要的、最符合发展需求的。所以，兼职教师为应用型科技大学的建设做出了很大的贡献，应逐步加强对其的管理与聘任，发挥最大的价值。我国地方性大学以专职教师为主，兼职教师较少，尤其是来自企业的兼职教师更少。然而，我国颁布的《中共中央国务院关于深化教育改革全面推进素质教育的决定》中，规定了在应用型科技大学的建设中要不断地引进企业的出色技术及管理职工，加大教育领域兼职力度。为了提高自身的教学质量，各地方性大学可以根据具体情况保证兼职教师职业功能的最优化。

第5章　沈阳大学会计学特色教育建设的实施路径

随着市场经济的不断发展进步，会计人员的职能不仅仅是核算与监督，传统型会计学专业已不再适应社会发展，这就意味着传统型会计学专业必须转型，发展成现代型会计学专业，以适应社会对会计人员的需求。因此，地方性大学不能坚持固有的会计学教学理念、教学模式与课程设计，而是要积极拓展会计学的研究领域，对会计学专业有新的探索，设计出具备鲜明特色且适应社会需求的会计学专业教育体系。

学校对人才培养方案进行改革时，要基于地方经济和学生的实际情况。

首先，辽宁省的国有企业比较多，但由于沈阳大学的办学层次问题，学生在民营企业就业较多。民营企业由于成本效益的原因，内部分工不能过于细化，会计学专业人才不仅要具有胜任会计相关岗位的技能，而且要具有适应多个岗位的综合素质。

其次，辽宁省的工业基础所需要的会计学专业人才应对整个会计核算体系比较熟悉，具有一定的职业判断能力和现代化的信息加工、整理、分析能力，熟悉会计法律、法规、制度等，能通过资本预算、业绩考核、战略管理、跨国投资决策等方法实现对企业经营活动的控制和风险规避。

最后，民营企业的经营比较灵活，经营的业务不断地发生变化，新业务不断产生。因此，地方性大学会计学专业的培养目标是学生不仅具备专业基本理论知识，而且具备较强的职业判断能力。

沈阳大学会计学专业适应市场需求，适时增加和调整相关课程，如增加开设内部控制和风险管理评价相关课程，开展百篇经典阅读以及各种形式的专业竞赛、社会调研和科技创新活动。

培养目标和培养方案是会计学特色教育建设的主线，在专业培养目标上突出专业定位特色，在人才培养方案中体现课程特色、培养方法的特色等。依据会计学专业人才培养目标定位，沈阳大学广泛了解企业对人才的需求状况，在充分考虑人才培养方案前瞻性的基础上修订专业建设规划，完善人才培养方案；在调整和修订人才培养方案时切实考虑到客观实际情况，确保人才培养方案具有可操作性。

5.1 沈阳大学会计学特色教育建设的目标与原则

特色专业建设的目标在教育部质量工程文件中表明为：第一类特色专业是指适应国家需要、优势明显、特色鲜明的专业；第二类特色专业是指适应国家需要，优先发展、紧缺专门人才和艰苦行业相关的若干专业。所以，特色专业建设的定位首先体现在办学水平的先进性方面，应当是具有先进办学理念、较强学科实力支撑、较好办学服务条件、优质人才培养质量的专业，为其他专业树立榜样；其次，特色专业建设的定位体现在专业特色性方面，专业内涵拥有独特的内容，其他学校的专业对其不具有可替代性和复制性的；最后，特色专业建设的定位体现在稀缺性方面，由特色专业所培养的人才应是社会所紧缺的并且是社会所需要的。

地方性大学的会计学专业要准确定位，结合区位特点、办学历史、办学条件，以市场需求为导向，以人才素质为根本，以培养应用型人才为目标，在专业的先进性、特色性和稀缺性方面办出水平，服务地方经济发展。

5.1.1 沈阳大学会计学专业简介

沈阳大学会计学专业始于 20 世纪 60 年代，已有 50 余年历史。沈阳大学于 1987 年开始招收本科生；2006 年与英国特许公认会计师公会合作，开设会计学国际会计方向，招收国际会计方向本科生；2006 年开始招收硕士研究生；2015 年开始招收专业会计硕士（MPAcc）。

沈阳大学会计学专业已为社会培养中专、大专、本科、研究生等不同层次的应用型财务会计人才 10 000 余人，为沈阳市及辽宁省其他地区的经济建设和社会发展做出突出贡献，受到同类院校和社会人士的普遍好评。

沈阳大学会计学专业是沈阳市教学改革试点专业、辽宁省首批普通高等学校综合改革试点专业；拥有国家双语教学示范课程 1 门、省精品课程 4 门、省优秀课 1 门、省精品资源共享课 1 门、全国地方高校优课联盟慕课课程 1 门；出版专业教材 16 部，辽宁省“十二五”规划教材 3 部；完成省级以上教改项目 10 项，获省优秀教学成果一、二、三等奖 4 项，发表教研论文 27 篇；承担国家、省、市级各类项目 60 项，科研经费有 170 多万元；发表学术论文 160 余篇；获省科技进步三等奖 1 项，省哲学社会科学成果二、三等奖 6 项；辽宁省本科专业综合评价排名第二；获沈阳市“五一先锋号”荣誉称号。

沈阳大学会计学专业秉承“科学办学、民主办学、开放办学”的办学理念，服务区域经济建设和社会发展，立足沈阳，面向辽宁，辐射全国；将本科学历教育、国际执业资格教育与素质能力教育相结合，培养“动手能力强、综合素质好”，具有国际化视野、信息化技能的复合应用型高层次财务会计人才。

沈阳大学会计学专业毕业生的就业范围非常广泛，从政府机关到社会团体、军队、银行、企事业单位，就业渠道逐年拓宽，就业层次逐年提高，就业率逐年稳中有升，这些足以说明沈阳大学会计学专业毕业生得到用人单位的充分认可，在所服务的企业、行业中具有较高声誉。

沈阳大学会计学专业为辽宁省会计学会副会长单位、东北三省及内蒙古地区财务会计教师联合会常务理事单位、沈阳市总会计师协会副会长单位，这说明沈阳大学会计学专业在地区行业学会中具有相当的影响力。

沈阳大学会计学专业与英国特许公认会计师公会合作举办国际会计方向班10余年，并且是该公会批准的国际考点，这表明沈阳大学会计学专业在国际上具有一定的影响力。

5.1.2 沈阳大学会计学特色教育建设的目标

特色专业的建设要和其他高校相同专业的特色保持一定的差异性。沈阳大学提出了会计学特色教育建设的总体目标：“满足辽宁区域经济发展需要，专门培养国际化、市场化、信息化的综合素质好、动手能力强的应用型人才，把会计系建设成为一个特色人才的培养基地，为同类型地方性大学的会计学专业建设和改革起到示范和带动作用。”

对用人单位的调查显示，93%的用人单位认为沈阳大学会计学专业毕业生的专业基础知识扎实，会计实务操作能力较强，具备较强的法律意识和良好的会计职业道德，综合素质好，具有较强的奉献精神和敬业精神。

沈阳大学会计学专业的人才培养目标是结合本校学生实际，基于服务区域经济建设、服务产业振兴，将本科学历教育、国际和国内会计执业资格教育与技能素质教育三者相结合，把学生培养成具有扎实的基础知识、广阔的视野、精深的专业技能、全面综合素质与适应能力的国际化、信息化的复合应用型财务会计人才。

沈阳大学会计学专业的培养模式及目标具有如下特点：

第一，实施分方向培养。会计学专业与英国特许公认会计师公会合作，开设国际会计方向班，单独制订培养方案，引入国际会计人才培养理念和模式，培养国际化财务会计人才。

第二，培养会计信息化人才。沈阳大学建立会计信息化仿真环境，适应管理信息化和会计信息化需求，与金蝶、用友等公司合作，联合培养会计人才。

第三，注重应用型人才培养。沈阳大学与企业合作建立校外会计实训基地，在校内建立财务与会计综合实训中心，强化会计实践操作能力，联合培养应用型人才。

沈阳大学培养方案中设置的课程满足教育部会计学专业培养的规范要求，与专业定位、培养目标相吻合，专业主干课程和主要专业课程对学生的知识、能力和素质的支持程度高，毕业生能达到培养目标所要求的知识、能力和素质。

5.1.3 沈阳大学会计学特色教育建设的原则

沈阳大学坚持内涵式发展道路，以改革创新为动力，在建设会计学特色专业的道路上，从其特性出发，始终坚持并贯彻以下原则：

（1）为地方经济建设服务的原则

地方性大学的特色专业应体现“地方性”。地方性大学的办学宗旨就是面向地方。地方性大学开展特色专业建设，首先要依据社会对人才的需求，以市场需求为出发点、立足点，同时结合学校的现有条件和师资力量来建设；否则，专业的特色就无法体现出来。

（2）培养应用型人才的原则

随着社会的发展，学生与用人单位之间的关系是一种“双向选择”的关系，要提高就业率，学校办学就要瞄准市场对人才的需求。大众化教育必然导致高等学校培养目标的多元化，高校的培养层次差别反映了社会对人才的不同需求，每一个层次都可以找到高质量的学校。反映在专业建设上，地方性财经院校作为教学型或教学研究型大学，应考虑毕业生的择业需求和就业导向，根据地方或行业发展的实际需要，培养思想素质高、业务能力强的高素质应用型人才。

（3）发挥特色专业的示范性作用的原则

对于特色专业点之外的其他专业，学校应该激发它们的创新能力和主动性，使其逐步跟上特色专业的步伐，实现特色专业和非特色专业之间的学习互动，真正达到特色专业建设的示范效果。这是今后的特色专业建设过程中必须把握的重要原则之一。

（4）前瞻性原则

当前我国处于从以制造业为主向制造业和服务业并重转型的关键阶段，需要加快发展现代服务业。会计的职能由财务会计记账、算账转向管理会计，管理会计的功能有前景预测、数据分析、资本运营、价值管理、经营决策等。在国外，90%的会计人员做的是管理会计，会计人员75%的时间做资本运营、价值分析。特色专业建设应考虑当前行业及岗位（群）对应用型人才的需求，又要有长远眼光，走在经济建设的前面，通过调研、实践，丰富发展特色专业。任何一个专业都有一个形成、成长、成熟、衰落的周期，如果一个特色专业在其建设的最好时期迎来需求高峰，其专业特色就愈加鲜明。

5.2 校企联合的培养模式改革

《会计行业中长期人才发展规划（2010—2020年）》指出，传统的会计执业重心经历了由以核算为主的财务会计向参与战略管理和流程优化的管理会计倾斜的过程，这一演变体现了经济社会的变革以及社会对人才的需求。从知识水平到能力水平的变化，使得会计职业的角色功能必须做出必要的改变和重新定位。因此，大学会计人才的培养应当以及时反映社会需求为基础。沈阳大学就开展了校企培养与国际合作培养的新模式。沈阳大学通过对沈阳地区的企业走访了解到，懂管理的会计人才是目前企业所急需的人才。根据沈阳大学开展的校企培养的新模式，会计学专业应着力在人才培养方案设计、师资队伍建设、实践教学环境提升、教学设计实施等方面，为人才培养打造更好的条件。

会计学专业（包括国际会计方向）适时构建校企联合的人才培养模式，旨在培养出社会需要的复合型、国际化、务实创新的会计人才。其具体方案如下：

（1）实施“校企一体、互通共赢”紧密型会计人才培养模式

校企合作是培养地方应用型会计人才的重要途径。目前校企合作的人才培养模式有很多，高等院校普遍采用的传统校企合作模式，是以学校为主体对人才进行培养，企业处于辅助地位，只提供相应的实践教学环境，协助学校完成部分技能培养任务。这种模式虽然比较容易操作，但缺乏合作的深度、广度。地方性大学的会计人才培养是面向地方中小企业的。根据对地方中小企业会计人才需求的分析，每个小企业只需配备2～3人就足够了，中等规模企业可以多一些，但始终每个企业的需求量是有限的。而如果会计学专业实行“订单式”人才培养，由于企业只能满足少数学生就业，其他的大多数学生不能进入“订单企业”。因此，学校应结合地方中

小企业对会计人才的需求特点，打造地方性大学会计人才培养与企业联合的“校企一体、互通共赢”紧密型合作模式。在校企紧密合作中，企业不仅作为学校的实习基地，同时参与研究和制定培养目标、教学计划、教学内容、培养方式等。由于企业全程参与学校会计人才的培养，学校与企业加强了校企互动，企业会计师走上讲台，教师走向企业，使教学更加具有针对性，企业优先挑选录用优秀学生，降低了招聘员工的成本和风险，双方互利共赢。

（2）针对用人单位的需求，开展会计学专业课程的教学改革

传统会计学专业教学沿用学科性课程体系，课程设置突出专业、学科教育，没有将理论与职业能力有机融合，未根据行业特点开发课程，培养出的学生动手能力差、实践能力弱。因此，沈阳大学会计学专业面向地方中小企业，以就业为导向培养学生的综合素质和职业能力，通过校企合作，了解企业对会计人才的需求状况，按企业对人才培养的知识、能力和素质要求来制订人才培养方案，课程设置从企业角度出发，明确专业所对应岗位的知识结构和能力体系，使课程模块与岗位要求相协调，以职业能力培养为主线，以校企合作为依托，构建符合职业能力培养的课程体系。针对国家对会计行业的特殊准入要求，沈阳大学将学历教育与资格考试相结合，要求学生学习相关课程后参加会计职业资格考试，在具体课程、教材选用、授课时间等方面也与资格考试配套，实现课程与职业的对接。

（3）校企联合做好会计学专业学生职业生涯规划

新生入学教育是学生培养方案的第一步。新生教育除了对新生进行学校相关制度的教育外，会计学专业教师还应向学生进行专业介绍，今后还需要企业参与学生专业认知教育，根据实际会计工作岗位的要求及工作特点，给学生进行专业现状介绍，带领学生参观实际工作岗位等。会计学专业系部、学校就业指导部门应加强对学生的职业生涯规划指导，邀请企业财务专家为学生讲课，使学生树

立对所学专业的正确认识，激发学生学习专业知识和技能的浓厚兴趣。

（4）共建会计学专业实习实训基地

应用型会计人才的培养要求学生近距离接触会计实务和管理环境。因此，地方性大学通过校企合作共建校内与校外结合、课内与课外结合的实践教学基地很有必要。沈阳大学会计学专业于2003年着手建设会计学专业实训室，到目前为止，实训室已初具规模，包括会计手工、会计岗位、财务会计、财务管理、会计电算化软件、审计实训室等。

此外，学校、院、系先后与国有企业、会计师事务所等多家单位签订长期的联合培养协议，提供一定的经费，让每个学生有包括企业会计、事业单位会计、审计在内的至少3个实习岗位可供选择。近年来，沈阳大学在原有的41个会计学实践基地基础上，新增4个实习基地。沈阳大学利用实习基地对学生实行基地化、集约化的实习与训练，每年为20多个学生提供实习岗位。此外，在正式岗位的实践教学中，每个学生都有企业导师，时间不少于6个月；在实习的中期，系部派校内导师到学生所在实习企业进行检查，与企业导师商定论文选题、开题事宜。该环节增强了学生面对现实问题时的职业判断力，为塑造良好的职业人格打下了基础。

（5）鼓励学生参加各类创新创业比赛

沈阳大学会计专业的学生积极参加各类创业大赛，2014年至2018年5月获批国家级大学生创新创业训练计划项目2项、省级大学生创新创业训练计划项目5项、校级10项。ACCA方向班学生参加就业力大比拼比赛，晋级北方地区八强；2013级会计学专业学生组成的代表队获2016年大学生财务决策大赛东北赛区三等奖。这些成绩表明，校企联合培养模式推动了学生深度学习，不断提升学习效果，促进了学生的能力发展。

此外，根据国际上对会计高端、复合型人才的需求，沈阳大学对会计学专业（ACCA方向）实施符合国际化特点的校企联合培养模式：

①组建开放式的跨学科教学团队。

全球金融危机和气候变化使商业环境越来越复杂，打通会计学与经济学、金融、统计、社会学和心理学等学科之间的通道，拓展会计学科的深度与广度是培养复合型卓越会计人才的关键。英国皇家特许管理会计师协会和美国注册会计师协会（AICPA）联合推出全球特许管理会计师（CGMA）资格，并界定授予对象为“拥有高超财务能力和管理能力的复合型人才”。在这种趋势下，会计学专业学生的课堂教学必须跳出单学科的课程设计模式，以学科生态为线索，从跨学科的角度进行课程开发，进而推动学生的创新学习。教师在“班-组”互补的课堂教学中可考虑组建开放式的跨学科教学团队。

②以培养学生复合能力为导向，改进教学评价机制。

“校-企”联合教学的人才培养模式具体体现在教学改革上，而教学评价作为检验该教学改革效果的重要手段必须进行创新：

首先，在教师层面，要以教学团队为依托，把好质量关，将辅助材料授课、项目研究、在线作业和问题反馈等列入校内教师授课内容，并占有适当的权重；企业导师的评价则依据学生实习的岗位数、时间、所完成的实习任务和研究报告进行定量考核。

其次，在学生层面，要从学生运用会计知识和技能的职业判断入手改进课程考核方式，改变目前主要以记忆为中心的笔试成绩评价体系，提倡批判性思维，扩大项目研究性学习、案例报告、财务与会计模拟实验、岗位实习及对外咨询报告等内容在考核中的权重，最终形成对学生复合能力的综合评价。

5.3 分方向人才培养方案改革

建立明晰的人才培养目的、设置系统完善的课程体系、制定独特而实用的人才培养方案，是建设具有特色的专业的必备条件。

人才培养目标是指地方性大学根据自有的办学定位、办学特色、办学类型、学科优势等特点，结合社会对各类人才的需求而确定的人才培养目标定位。根据高等教育的分类定位，培养本科高级应用型人才是地方性大学的主要任务。人才培养目标坚持以通识教育为基础，以市场需求、能力培养为基本原则，努力培养基础牢固、能力突出、素质较高的专业复合型人才。

人才培养方案是高校根据学科发展与社会职业发展需求而制订的满足应用型人才的培养目标和行业用人需求的具体实施方案。为了培养具有雄厚基础、宽阔口径、注重实践经验、强调应用实际这四项突出特点的高级应用型专门人才，在培养方案上具体可采用“学科基础课程平台+专业方向模块课程平台+综合素质类课程平台”的模式。学科基础课程平台主要是对学生进行通识教育，这是为了培养本科人才符合厚基础、宽口径的要求。专业方向模块课程比较注重对学生专业知识与实践能力的培养，确保专业方向，形成实践所需的最基本的专业知识和实践能力。专业方向模块课程阶段是按照社会人才市场的需求和因材施教的原则可开设不同的方向及专业，供学生选择。综合素质类课程主要以培养人才的基本素质和职业素质为主，侧重于学生人文素质和职业道德的培养，最终促进学生个性的发展。这三个平台既相互独立又相互结合，专业知识日益充足、实践应用能力提高、综合素质培养三者相互促进，充分展示了应用型专门人才培养的特点。

5.3.1 会计学专业人才培养方案的改革

（1）建立健全学分制培养模式，力求获得分型培养模式的效用

所谓分方向人才培养模式，是指由于学生个体之间存在差异以及用人单位对不同类型人才的需求不同，学生可以对专业方向及层次深度进行自主选择的新型教育理念。分方向人才培养模式换一种说法就是差异化教学，让学生具有更强的学习自主权，体现因材施教的原则和“以生为本”的教育理念。自2010年起，沈阳大学会计系积极组织有关人员深入用人单位、会计师事务所、会计学会和会计工作主管部门进行调研，结合多方信息，围绕分方向人才培养模式的要求，对会计学专业人才的标准、就业目的、岗位能力需求、课程目标及体系、课内外实训规则、师资队伍建设等进行新的思考，并规划出一份全新的人才培养方案。

（2）重构会计学专业分方向人才培养模式的课程体系

课程体系是培养人才的质量的关键。课程体系大致表现在理论课与实践课、基础课与专业课、必修课与选修课之间的比例关系上。课程的设立应遵循“课内与课外相结合”“理论与实践相结合”“素质教育（人文、科学等）与专业教育相结合”的原则，构建多元化的教学模式。以培养学生的实践能力为目的，开展更多的实验与实训课程，将某些教学课堂搬到实验室或实践教学基地，采用以实践教学引领理论学习的教学方式，使学生充分了解实际工程开发的各个流程；以培养学生的创业能力为目的，还可设立与创业体系相关的课程，如企业家成功事例课程、创业教育讲座等，并配合相应的激励机制，鼓励学生通过创业实践获得学分。

沈阳大学会计学专业为适应市场对专业人才的需求，积极及时地调整相关课程的设置，如设立与内部控制和风险管理评价有关的课程，举办阅读经典、专业竞赛、社会调研以及科技创新等活动。培养的目标及方案构成了建设特色专业的基本框架，专业培养目标

需要体现专业定位上的鲜明特点，人才培养方案需要体现课程、方法等的独特之处。依据沈阳大学会计学专业对人才培养目标的定位，我们广泛收集了企业对人才的需求状况，并在充分考虑人才培养方案前瞻性的基础上修订了会计学专业建设规划，不断完善培养方案；在调整和修订人才培养方案时充分考虑到客观实际，保证培养方案具有可行性。

通过对企业进行实地调研、对企业专家进行访谈、对毕业生进行跟踪调查等方式，我们对会计学专业未来的就业方向进行分析，总结出报税员、出纳、内部稽查、成本核算、会计核算、会计主管这 6 个基本的课程方向，找出典型工作任务，提炼出会计岗位所需要的知识、能力和品质要求，并进行解构和重组。典型工作任务需要专业能力、方法能力和社会能力的配合（如表 5-1 所示）。

表 5-1 会计学专业分方向人才培养模式的课程体系

就业方向	主要工作任务	职业能力要求	专业课程
出纳	1.收银机前后台操作 2.库存现金收付 3.银行结算 4.库存现金、银行存款日记账登记 5.库存现金、银行存款核对	1.信息处理能力 2.点钞与填开票据的能力 3.银行存款和现金的收支 4.账务处理能力 5.资料收集整理能力	会计学基础
会计核算	1.会计信息产品生产环境识别 2.会计科目设置 3.会计凭证识别与填制 4.会计账簿设置与登记 5.会计报表的编制 6.资产、负债、所有者权益、收入、成本费用、利润等核算 7.采购与应付款、仓储、固定资产、销售与应收款、职工薪酬、日常资金管理 8.会计数据备份	1.信息处理能力 2.原始凭证的识别、填制和审核能力 3.记账凭证的编制和审核能力 4.账簿的登记及错账的更正能力 5.会计报表的编制能力 6.日常经济业务处理能力 7.利用会计软件对账务进行处理能力	管理会计 中级财务会计

续表

就业方向	主要工作任务	职业能力要求	专业课程
报税员	1.取得、使用、保管、处理各种发票 2.计算各种税款 3.进行各种税种的账务处理；填制纳税申报表及相关附表 4.正确申报和缴纳税款	1.信息处理能力 2.正确使用、保管、处理各种发票的能力 3.正确计算各种税款的能力 4.正确进行各种税种的账务处理能力 5.正确填制纳税申报表及附表能力 6.正确申报和缴纳税款的能力	财经法规与会计职业道德 税务会计
成本核算	1.制定成本费用计划 2.成本计算对象和成本项目确定 3.要素费用的归集与分配、核算产品成本和期间费用 4.编制成本费用报表	1.信息处理能力 2.企业成本核算能力	会计信息系统
内部稽核	1.对日常会计处理进行稽核监督 2.对企业的采购、生产、销售、分配等进行日常审核与监督	1.信息处理能力 2.对经济活动进行差错纠弊的能力	成本会计
会计主管	1. 会计岗位设置、会计岗位责任制制定、会计管理制度制定、财务制度制定 2.资金筹集与投资、财产物资管理、收益分配、成本控制、预算编制、预算执行、预算控制、预算考核与评价 3.短期（长期）偿债能力分析、资本结构分析、资产管理能力分析、盈利能力分析、成本费用分析	1.信息处理能力 2.资产负债表、利润表的分析能力 3进行企业财务及相关管理的能力 4识别内控的薄弱环节和制定单位 5.内部控制的能力	财务管理 高级财务会计 财务报告分析与应用

（3）增强学生实操能力，注重应用方向学习

教师在实践教学体系中要发展学生的实践应用能力，使其进一步加深对理论知识的掌握，在这一过程中，理论教学的效果明显增强。实践表明，理论教学应与实践教学相互融合，并贯穿教育的始终：

①学校应依据应用型人才的共性要求和总体定位培养学生的能力，培养方案中实践教学部分的学分比例应适当提高；

②打破原有的按专业区分实验、实习界限分割和以课程设置实验的局面，使教学体系既保持独立性，又保持连贯性；

③要把重点放在提高学生创新技能、实践能力、职业适应力上，构建以专业综合能力、实践能力、拓展能力和专业核心能力等为基础的，逐步向多层次实践教学推动的体系；

④在设置相应模块时应依据不同的分型培养目标标准定位，有针对性地体现在教学实践中；

⑤要进一步加强教材建设，组织编写一套符合国际化、信息化、应用型人才培养目标的，适合沈阳大学学生实际的教材。

自 2012 年开始，沈阳大学在《教师职务聘任量化办法》中分别将指导学生创新创业活动获奖、指导学生创新创业训练项目等作为教师量化考核计分项目。沈阳大学会计系从 2015 级学生开始，会计学专业在总学分中增加 6 学分创新创业教育学分，理论和实践各为 3 学分。2014—2016 年，沈阳大学会计学专业学生有关创新创业教育的相关成果显著，其中，国家级项目立项 2 项，省级甲类项目立项 6 项，省级乙类项目立项 2 项。

5.3.2 国际会计人才培养方案的改革

（1）调整国际会计专业的课程体系

沈阳大学的国际会计专业的课程体系自 2006 年制定以来经过 4 次修订，内容包括：将 ACCA 基础阶段的 9 门课程纳入课程体系中文专业课程，设置财务会计软件应用、ERP 沙盘系统实训等信

息化类课程。现行课程体系科学合理，突出了财会专门人才国际化、信息化、应用型的特点和社会需求。

沈阳大学在国际会计方向班可以将ACCA考试成绩按一定比例折合，抵校内该科考试成绩；将毕业实习与毕业论文相结合考核学生的综合实践能力；会计信息系统类课程全部改为机考；加大学生案例讨论和日常作业成绩比重；学生考取会计学相应职业资格证书可以抵选修课学分等。

（2）更新国际会计人才培养目标

①沈阳大学改变传统人才培养理念，突破传统人才培养模式，以培养应用型专门人才为目标，以技能为导向构建全新人才培养方案；

②坚持信息化和国际化，本科学历教育、国际执业资格教育与素质教育相融合，将课堂教学、模拟实训、企业实践相结合，努力将学生培育成既精通国内外会计又能熟练运用会计学专业英语和企业信息化财务软件、胜任国际和国内复杂的经济环境、适应能力较强的高层次复合型会计人才。

（3）创新ACCA课程教学模式

沈阳大学ACCA课程教学模式的特点如下：

一是实行“双学期+三段式”的授课方式，在开课前的那个学期的期末进行一部分教学，使学生能够充分利用假期时间预习，剩余内容在开课学期讲授；在开课学期正式上课时，采用“知识讲授—习题训练—能力与素质训练”三段式授课方式。

二是使用英汉双语教学模式，以此来提高学生的专业英语听、说、读能力。

三是全部采用现代化教学手段，增大课堂授课信息量，提高课堂教学效率。

（4）改革ACCA方向班学生管理模式

第一，实行“三指一册”措施，对学生进行专业指导。在新生入学时发放“学生手册”，督促学生尽快适应ACCA方向班的学习模式。

第二，举行大型经验交流报告会，发挥其对ACCA课程的影响。

第三，安排ACCA授课教师担任班主任，在教学过程（如考试、实习等）中，给予学生针对性的心理干预和指导，帮助学生树立正确的价值观念、学习观念和良好的行为习惯。

第四，建立ACCA学员及会员的学习与就业资源平台。

（5）已取得的成果

国际会计专业方向已初步形成“双学期+三段式”、现代化、双语教学等特点的人才培养模式。该模式结合了学历教育、执业资格与素质教育，形成一套全新的应用型财会人才培养模式，同时构建了具有国际会计学特色的人才培养方案及课程体系。

该专业方向已培养了一批适应社会需求的国际化、信息化、高级应用型财会人才。ACCA方向班的学生素质高、能力强，专业知识过硬，英语能力出众。目前，沈阳大学已有8届ACCA方向班毕业生，初次就业率达到90%以上，就业去向主要集中在银行、会计师事务所、外资企业等。

该专业（方向）已建成沈阳地区唯一一支ACCA教学团队（共14人），每名教师根据自己的专业特长负责一两门ACCA课程教学。ACCA教学团队中有博士6人、硕士4人；年龄在40岁以下的有7人，年龄在40~45岁之间的有3人。该教学团队是一支高学历、高素质、年轻化的教学团队，成员专业知识过硬，拥有丰富的双语教学经验，在东北地区有较高的教学声誉。

沈阳大学于2007年被英国特许公认会计师公会批准为沈阳地区首家特殊考点，并于2010年获批成为沈阳地区首家（东北地区第二家）常规考点。来自东北三省的众多考生表明，ACCA的社会影响力正逐步扩大。

5.4 “双师双语”型师资队伍建设的改革

世界高等教育发展趋势证明，提高高校师资水平、加强高校师资队伍的建设是提高高等教育质量的关键。

培养“双能力”型师资队伍，使其不但可以胜任高校理论教学，而且能带领学生开展实践活动，这对于高等教育，特别是地方性大学而言，是一项既重要又紧迫的任务。

在会计学专业建设过程中，“双师”型教师队伍建设要以专任教师的“双师”素质能力提高和专兼结合“双师”结构教学团队建设为重点，实际上是要将他们建设成为高水平的“实践理论型”与“理论实践型”两种类型的师资群体。

5.4.1 建设高等院校会计学专业“双师”型师资团队

特色专业建设需要教学和科研上都具有结构合理、综合水平高、效果好的雄厚师资力量，师资选择配比应坚持不拘一格的要求。

师资队伍的建设目标是培养出综合素质高、动手能力强的应用型会计人才，这是应用型本科院校生存和发展的根本保证。作为一门实践性、应用性都很强的学科，会计学要求教师除了要有较高的师德水平和系统的理论知识，还必须具有熟练的专业操作技能和丰富的实践经验。沈阳大学会计学专业的师资队伍建设方向清晰，师资队伍建设方案不断优化。沈阳大学以建设一支素质优良、结构优化、实际技能高超同时富有创新精神的会计学专业师资团队为目标，开拓进取，力求满足应用型本科会计学专业教学改革和发展的要求。

沈阳大学教师队伍的建设规划如下：

第一，为使师资力量在年龄上实现青、中、老年的组合，在职称上实现初、中、高级的搭配，沈阳大学采取自有人才培养和外部人才引进两种方式。在这一过程中，100%的本校教师具备了企业实践等相关经历或直接在行业企业任职。

第二，对青年教师的培养力度持续加大，要求青年教师考取初级会计师、中级会计师等资格证，鼓励具有条件的教师考取注册会计师资格证。

第三，本专业各岗位应达成的阶段性任务目标及应担负的责任得以明确，相关规章制度得以建立和健全，相关的保证措施得以实施。

第四，动态管理团队建设，按规划好的建设目标，每年开展定期的检查、评估和年度考核，保证团队建设有序发展。

第五，激励机制及竞争机制持续完善，有重点地向教师进修、经费投入、年度评优、职称评定等各个方面倾斜。

第六，吸引外部人才，如博士、留学人才，并充实到教学一线。

第七，聘请有关政府部门、科研院校、注册会计师协会、会计师事务所等方面的专家和学者讲学授课，提高师资团队的各项水平。

沈阳大学教师队伍建设的具体措施如下：

(1) 加强自身“双师”型师资队伍的建设

沈阳大学不断完善“双师”型教师的激励措施，为教师参加各项培训和实践锻炼营造良好的氛围，鼓励教师参加各种学习培训，学校拿出专门经费鼓励教师参加各种学习和职业技能培训，如提倡教学人员参加各项专业技能培训，提倡教师参加“会计学专业大赛”等比赛项目，提倡专业教师参与和指导学生顶岗实践、技能竞赛，实施导师制。

教师通过开展校内外实训基地和实习单位的顶岗实践教育学生，通过组织各种实践竞赛引导师生共同提高实践技能，并将竞赛、实习活动设计成实践性教学项目。

沈阳大学为锻炼教师专业及教学技能，实施一对一导师制；激励兼职专业教师，安排教学时间，培养兼职教师的实践操作能力，尤其鼓励青年教师认识和了解地方经济发展情况，聘请经验丰富的企业生产一线高级会计师作为兼职教师，为青年教师培训、“补课”。

（2）建设“双师”型兼职教师队伍

沈阳大学在培养校内教师向“双师”型方向发展的同时，不忽略兼职教师的发展。“双师”型教师应当包括行业聘请和校外企业的兼职教师。高校可以与企业合作，建立校外实训基地，通过这个途径考察人员，招聘一支可靠的“双师”型兼职教师队伍，把校外实训基地发展和兼职师资团队的建设以及专业建设指导委员会的建设结合起来。

同时，沈阳大学增强兼职教师队伍的管理。在发展兼职教师的同时，相关管理制度必须同步跟上，可通过学院教研组研究确定专员，其职责包括：

①健全有关教师聘用制度和文件管理的制度；

②面试兼职教师时进行组织、试讲、聘任、证书发放、考核、服务等工作；

③学院需要把控聘任兼职教师的先导资料，对拟聘用人员进行专业知识、职业道德和业务技能等方面的考核；

④严格规划程序，充分论证和测评拟聘用教师的教学能力、教学水平、工作业绩和技术水平，在此基础上决定是否聘用；

⑤统一发放兼职教师聘任书，对兼职教师聘用协议书的签订程序严格把关；

⑥严格监控兼职教师的授课质量，采取校系两级、以系为主的管理模式，及时进行监督、检查和指导；

⑦兼职教师的业绩考评也应纳入考虑，建立相关档案，为解聘

或续聘兼职教师提供依据。

学校统筹规划好兼职教师队伍建设的问题，避免兼职教师流于形式，而是令其真正对教学起到调整、补充的作用。规划应着眼于未来，使兼职教师队伍在学历结构、年龄结构、专业结构和职称结构等方面平衡发展，进而优化学校整体师资结构。

（3）重点推行“一师一企”制度

每一位教师要和至少一个企业保持较为密切的联系，并参加企业的会计人员培训和研发事项。有条件申请横向科研课题的教师应抓住机遇，类似“一师一企”的活动能为学生就业、开展工学结合和“双师”型人才培养等提供便捷的平台。校企密切合作、深度合作，搭建校企合作平台，搭建专业优秀教学团队建设的发展平台。

（4）学校改革会计学专业核心课程等，包括教材开发、课程标准、教学方法、精品课程建设、教学手段等

校企双方必须有各自分工和不同的侧重点，选派骨干教师到企业挂职实践，从事相关会计及实务管理等工作，能将先进的科学理论知识带给企业，提高企业的市场竞争力。聘任（聘用）优秀会计人员作为专业核心课程建设的企业骨干教师，能够提高学校课程内容的实践性；通过校企双方合作，一同完成核心专业课程改革。

（5）校企双方应共同定协议、定职责、定报酬、定考核评价方法

校企合作双方的权益受法律保护：签订“双师”结构教学团队建设的相关合作协议；校企双方要开展实质性合作，如进行教学团队自身建设、生产性实训基地建设、企业应用项目创新、顶岗实习培训基地建设、冠名班级建设、核心科目建设、校企订单协作等，对实质性的建设成果进行定期考核。

5.4.2 沈阳大学会计学专业“双师”型师资团队建设相关成果

沈阳大学通过业绩量化等措施鼓励教师加强教学和科研的积累，不断提高教师业务水平。

2014—2018 年，沈阳大学工商管理学院会计学专业新增省级教学名师 1 人、教授 2 人、副教授 1 人、教授级高级会计师 1 人、上市公司独立董事 1 人，选派 5 人到国外做访问学者。学院现有专任教师 22 人，包含教授 7 人、副教授 7 人、讲师 8 人；博士教师（含在读博士）有 11 人，占比为 50%；1 年以上国外学习经历的教师有 11 人；拥有实务工作经历的教师比例为 76%。学院拥有国务院学位办学科评议专家 1 人，国家社科基金项目同行评议专家 1 人，省人大财经工作委员会财政预决算评审专家 1 人，省教育厅、科技厅项目评审专家 1 人，教育部学位办评审专家 2 人，中国会计学会理事 1 人，省教学名师 3 人，省会计学专业带头人 1 人，省会计学会副会长 1 人，省政府会计咨询专家 3 人，省教授级高级会计师评审专家 3 人，省高级会计师评审专家 4 人，省财政专项资金评审专家 3 人，注册会计师、资产评估师、注册税务师 4 人，具有上市公司独立董事资格的教师 3 人，省级双语教学团队、省优秀教学团队各 1 个。

2014—2017 年，沈阳大学工商管理学院新引进青年教师 3 人；3 人考取了博士研究生；选送 38 人次的青年教师参加中国会计学会、国家会计学院、ACCA 和其他高校举办的专业培训和学术会议；通过减免工作量等措施鼓励青年教师进入企事业单位实习半年以上，此项措施使 100% 的青年教师具备了实际工作经验。

2014—2017 年，沈阳大学工商管理学院教师共完成省级以上教改项目 3 项，获省优秀教学成果奖 2 项，发表教研论文 17 篇；承担国家、省、市各类项目 20 余项，科研经费有 100 多万元；各类科研奖励达 6 项，发表学术论文 60 余篇。

5.5 基于职业需求的实践教学体系改革

会计学是一门对实践能力要求较高的学科，其未来发展的重要目标是加强会计实践的教学建设。因此，不能忽视构建会计学专业的实践教学环节，在实践教学、校内外实践、实训教材编写、实训教师培养、建立实践能力评价体系和构建会计学专业群等几个方面对教学模式进行改革。

5.5.1 实践教学模式改革

沈阳大学针对不同专业课程的特征，从基础课程会计学开始，分别设置对应的实操模拟课程，并且结合信息化的实践教学，让学生能够从手工模拟实操到电算化的应用都可以深入学习。目前来说，会计学专业课程的模拟实训框架如图 5-1 所示。

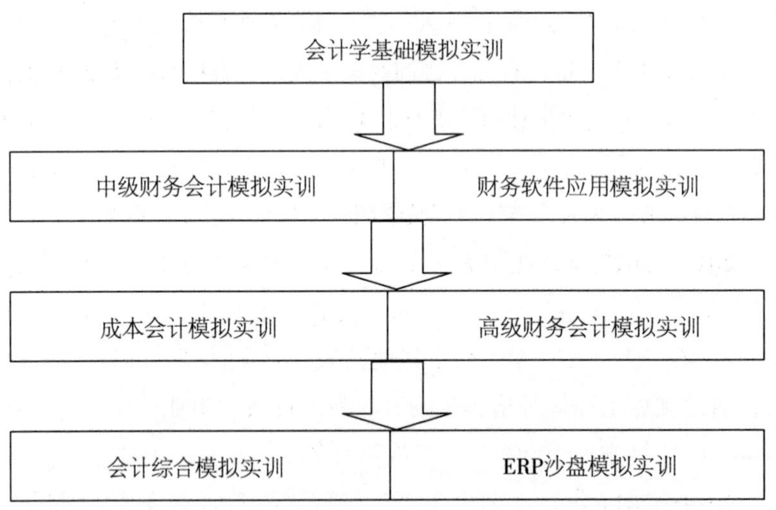

图 5-1 会计学专业课程的模拟实训框架

（1）会计学基础模拟实训

会计学基础模拟实训是以《会计基础工作规范》作为标准进行

实际操作的。其主要内容包括：会计基本书写规范的演示及模拟实验、原始凭证的填制与审核的演示及模拟实验、记账凭证的填制与审核的演示及模拟实验、记账凭证汇总表的编制方法的演示及模拟实验、登记账簿和试算平衡的演示及模拟实验、对账和结账的演示及模拟实验、银行存款余额调节表的编制方法的演示及模拟实验、T形账户编制的演示及模拟实验、各种会计报表填制的演示及模拟实验、凭证之间传递的演示，以及凭证、账簿和报表装订的演示。这些就在很大程度上提高了学生的实操能力。

（2）中级财务会计模拟实训与财务软件应用模拟实训

中级财务会计模拟实训与财务软件应用模拟实训是在会计学基础模拟实训和中级财务会计理论课程的基础之上编制的。

为了促进学生进一步巩固、消化和理解所学知识，沈阳大学特意采用了会计手工业务处理过程，使学生能够更好地把握会计核算各环节，熟悉企业采购、生产、销售及利润的形成与分配、纳税申报与缴纳等各个过程；进一步提高对会计各要素的确认、计量与报告的综合处理能力，并且具备一定的会计管理思想，能够为将来从事会计管理方面的工作奠定基础（每门课程的具体框架见图5-2至图5-7）。

到目前为止，在会计实际工作过程中，会计人员所接收到的最初始的经济信息是纸质凭据。对于这些纸质凭据，目前的会计培训软件很少能够分辨最起码的会计基础知识，包括哪些附件可以转换会计信息并且作为记账凭证，哪些附件是作为纳税申报的依据，哪些附件是需要交付给对方单位的凭证。而会计的手工实验可以满足以上要求，因为能够通过会计凭证的制作与粘贴过程将这些纸质凭据分开。会计手工实验是一环扣一环进行的，为了最终生成符合特定使用者要求的会计信息，是需要对会计信息进行加工、分类和整理的。会计手工实验能够帮助学生较好地体会到每个流程的核算内容、损益、现金流量以及各个会计要素的当期发生额等情况，方便掌握会计核算过程中的第一手资料。会计软件的程序都是已经设计好的，从输入记账凭证到登记账簿和编制报表，只要在会计软件中输入了凭证，后面的工作就会自动完成。沈阳大学工商管理学院的做法是先进行会计手工实验，然后结合财务软件应用上机操作。

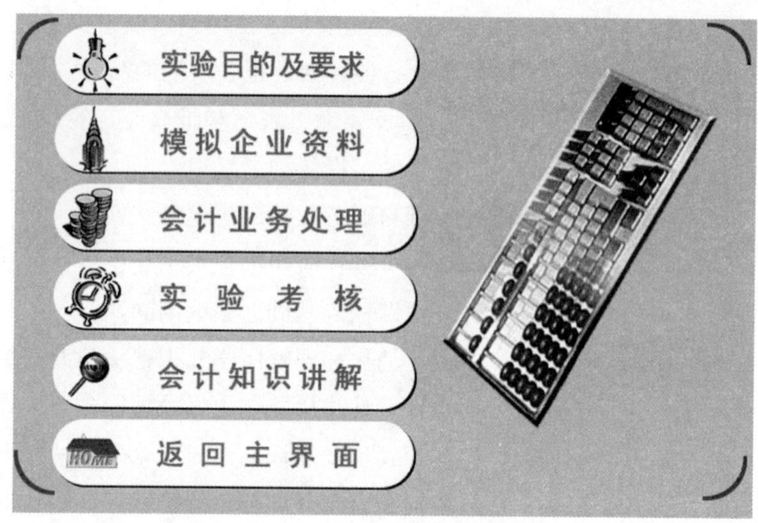

图 5-2 中级财务会计模拟实训框架 1

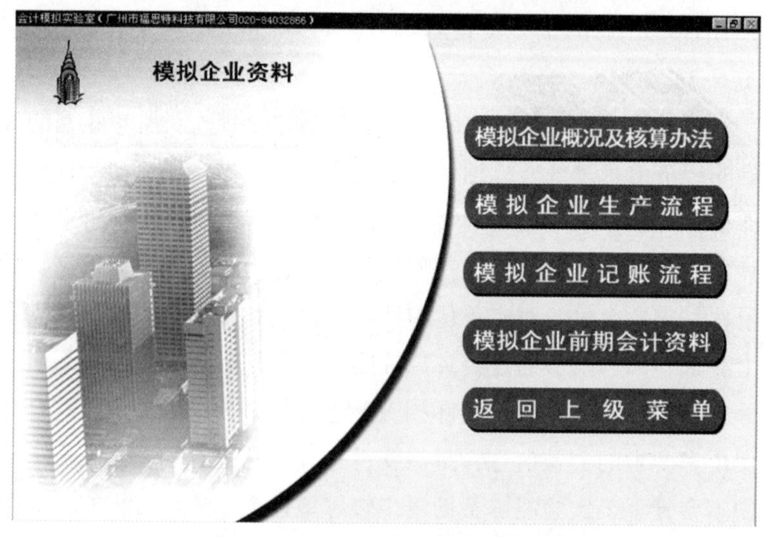

图 5-3 中级财务会计模拟实训框架 2

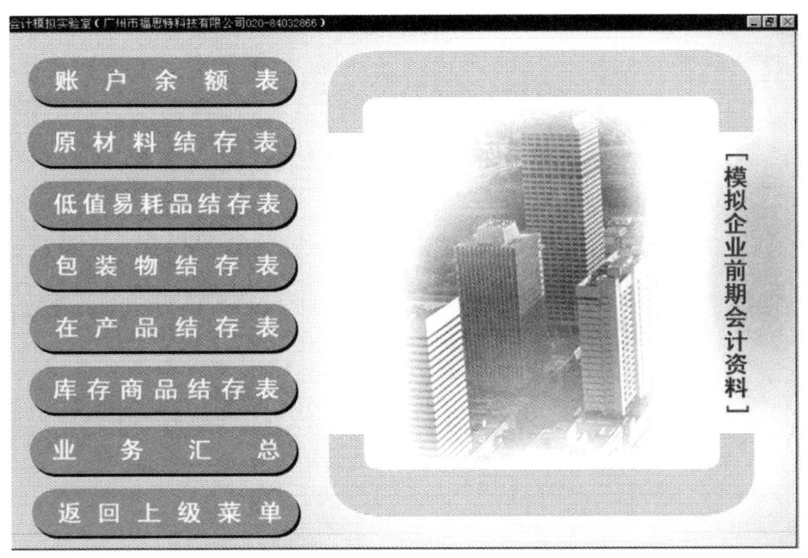

图 5-4 中级财务会计模拟实训框架 3

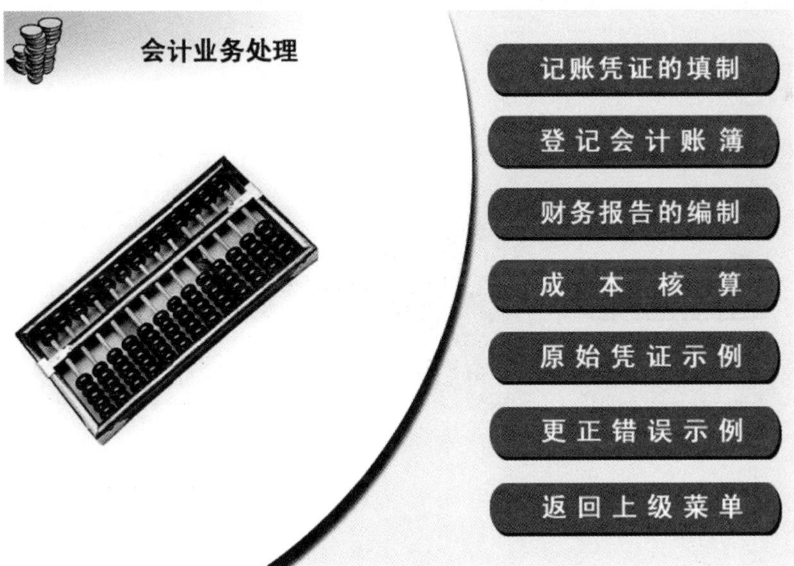

图 5-5 中级财务会计模拟实训框架 4

图 5-6 中级财务会计模拟实训框架 5

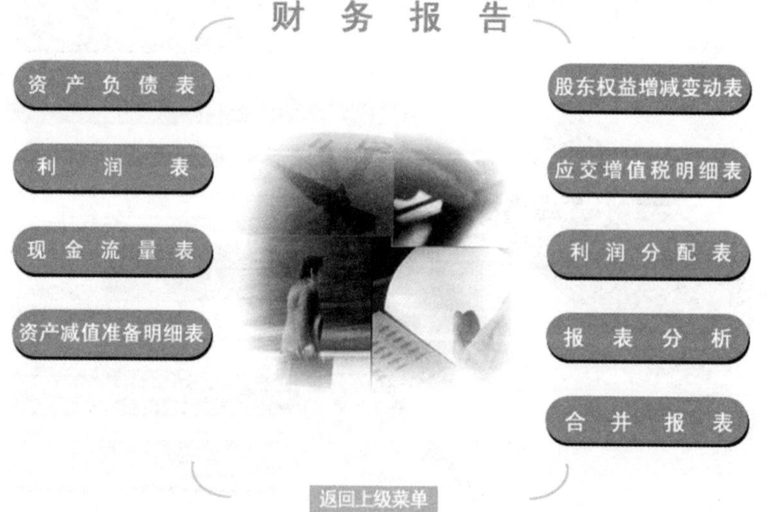

图 5-7 中级财务会计模拟实训框架 6

（3）成本会计模拟实训

成本会计的实践训练应遵循成本会计核算的基本流程要求（成

本要素的归集→成本要素的分配→编制记账凭证→登记账簿)，同时要遵循成本会计教学要求的体系，根据学生的基础、教学要求以及时间，确定不同层次、不同性质的教学实训。成本会计模拟实训的流程框架、成本核算方法的框架分别如图 5-8、图 5-9 所示。

图 5-8 成本会计模拟实训的流程框架

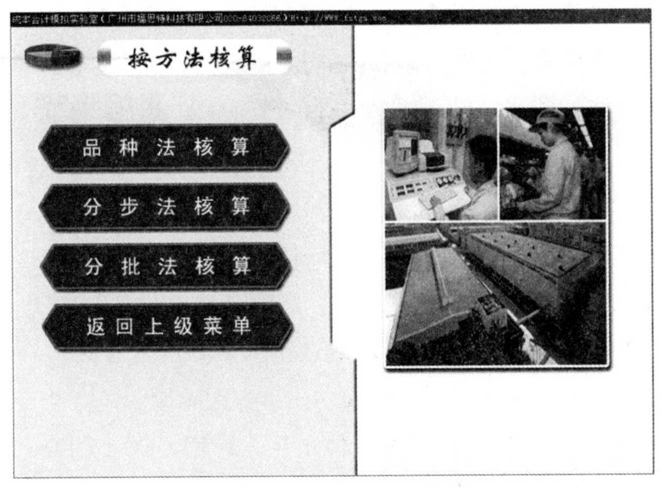

图 5-9 成本核算方法的框架

（4）高级财务会计模拟实训

高级财务会计模拟实训的任务是提供必备的理论知识和应用能力，供社会主义经济建设需要的、适应我国社会主义经济体制改革和财会工作发展需要的高级应用型专门人才使用。沈阳大学通过搜寻商界中现实的关于高级财务会计内容的真实案例，运用与高级财务会计相关的理论知识进行会计分析和处理，让学生基本具备一些最基本的技能，包括合并报表编制、租赁业务会计、外币会计及破产清算等职业岗位所需要具备的最基本的职业技能，强化学生对高级财务会计理论知识的理解，深化学生对现代企业复杂和特殊的业务性质、特征以及影响的认知，达到提高学生的理论素养的目标。高级财务会计模拟实训注重突出学生对会计业务的处理和思考能力，还能锻炼学生发现以及分析、解决问题的综合实践能力。

（5）会计综合模拟实训

会计综合模拟实训是以学生对基础会计、成本会计、会计信息系统以及中级财务会计知识都掌握为前提开展的，通过模拟现实的财务科工作进行的将综合业务手工和信息化有效结合的一门课程。

沈阳大学对会计综合模拟实训做了部分改革。改革后的实训课程是一门集理论与实践教学于一体的具有体验式、综合性、实践性和开放性的课程。按照课程特点，我们采用了联合实训的做法，将会计综合模拟实训与 ERP 沙盘模拟实训有效结合起来，达到实训与相关课程相结合的效果（见图 5-10）。

（6）ERP 沙盘模拟实训

ERP 沙盘模拟实训主要是通过模拟实际运营企业，在这个过程中就发现的问题来分析企业成功或者失败的原因。学生会在模拟过程中扮演企业真实存在的各种角色，包括 CEO、CFO、生产经理、采购经理、市场营销总监等，并对企业生产、运行、营销、财务等多项活动进行相关决策（见图 5-11）。

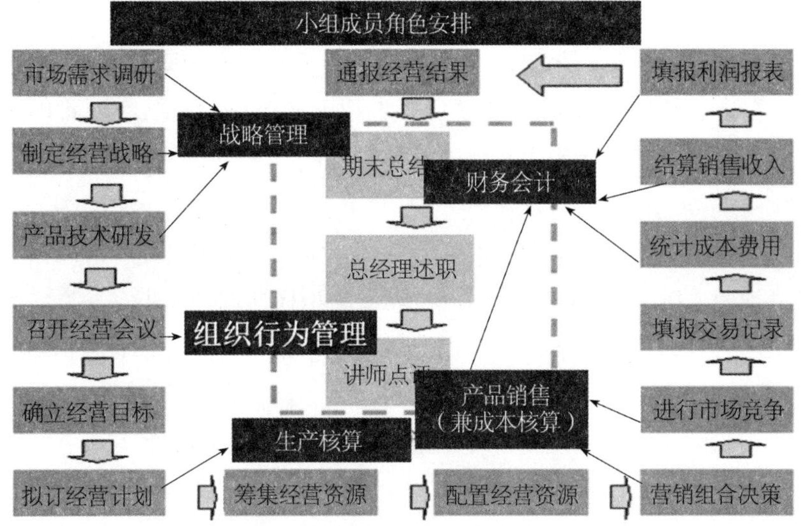

图 5-10 会计综合模拟实训与 ERP 沙盘模拟实训的联合实训模板

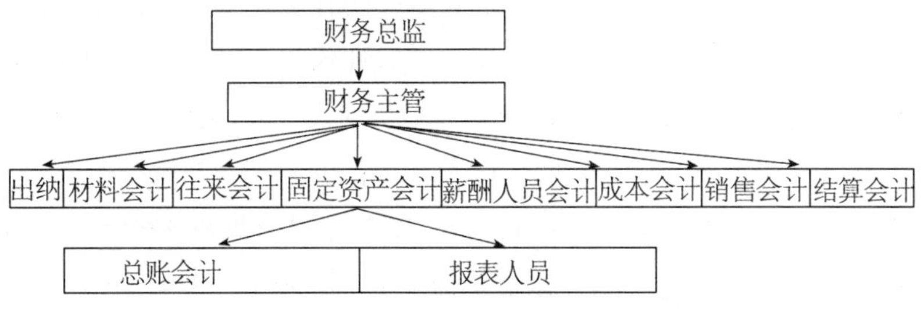

图 5-11 ERP 沙盘模拟实训模拟岗位设置

会计综合模拟实训要求学生从 ERP 沙盘模拟中主动自觉地去获取各种业务数据，并依据会计工作规范将这些数据填到会计凭证上，然后进行审核，审核之后编制原始凭证汇总表，再利用会计信息系统进行转账、记账和结账的工作，最终生成期末会计数据后再编制财务会计报告。从实验设计角度来看，学生获取原始经营数据是由教师进行实验设计、学生进行实验验证得来的，再据此整理出规范的会计凭证，最后采用先进的计算机数据处理技术进行会计业务处理，加快了实验进度，提升了实验效率。从实务教学的角度来看，教师将实际会计工作中用到的各种凭证、账簿和报表大量应用于教学中，让学生在做会计学专业实验的同时，增强对会计工作的感性认知。沈阳大学根据不同的课程内容来设计不同类型的实验内容，采用了多样化的教学平台，来加深学生对会计基本理论的掌握，将所学理论应用于解决实际问题上，为最终适应会计岗位工作做好准备。

利用这两门实训课程的联合教学，学生的学习兴趣和潜能被充分地激发出来，将学生学习的主动性和积极性调动起来，引发学生主动思考，培养学生运用知识的能力，避免满堂灌输、空洞无物的“填鸭式”教学模式。

沈阳大学建有会计信息化应用实训室、ERP 综合实训室、财务会计综合实训室、财务会计案例分析室。学院设有工商管理实验中心，中心有 3 个专业性实训室：会计手工模拟室、集团财务共享实训室、仿真实训室，从而形成完整的会计综合实训平台体系，既满足综合实践的需要，又满足课内实践课的需要。工商管理实验中心的总面积为 482 平方米；拥有实验员 5 人，其中副高职称以上 3 人、高级技工 2 人、硕士学位以上 2 人；可用设备资产总价值约为 150 万元，有仪器设备 164 台/套，其中在用计算机 130 台（其中 44 台为 2006 年旧设备）、软件 10 套。

目前学院各种设备完好，使用率高，在教学中发挥了很好的作用。学院机房从周一至周日早 8：00—晚 9：30 都对学生开放，学院图书资料室从周一至周日早 8：00—晚 5：30 都对学生开放。

5.5.2 校内外实践环节设计

学生到校外实践的时间有限，学习到的内容也有限，而且财务会计资料固有的保密性、政策性和经济性决定了接受学生实习的单位不可能把企业内部真实的账务处理过程以及财务资料和盘托出，即便学校在校外实习基地的建设上做了大量工作，也很难达到预期的效果。因此，沈阳大学在校内开设会计综合模拟实训课程，让学生掌握在企业实践中接触不到的内容。

另外，地方性大学高等教育发展和改革的基本思路就是校企合作，这也是地方性大学得以生存和发展的内在需求。构建校企联合培养模式的关键就是形成更有效率的校企联合培养模式和实现校企及学生的共赢局面。在长期的办学过程中，沈阳大学逐渐建立了校友及其他的合作方式，而且和辽宁地区相关行业、企业建立了良好的合作关系。构建校企联合人才培养模式，无论对学校、企业还是学生来说都具有重大意义。它不仅是教育发展的方向，也能够保持企业的可持续发展，为企业储备更多的人才。因此，学校与企业的共同责任是构建校企联合培养模式，只有在完善的机制下才能保障校企联合培养模式的多赢结果。

5.5.3 编写会计实训类教材

企业经济活动的全过程凸显会计工作的逻辑性与连续性，体现实际业务流程的完整性。会计学专业的学生不仅要熟练掌握本专业的基础理论知识，具备基本的工作能力，最为主要的是具备应对未来复杂多变的会计环境的能力，能够将所学理论知识灵活运用来应对不断变化的客观环境，解决实际问题。

首先，在国际会计学专业方面，教师应该把原有的教材体系做到及时更新，并且在教材中增加国际化的会计知识，有效推进教学内容的国际化改革，让学生充分了解国际化的知识动态和会计准则。

其次，在传授会计知识的过程当中，教师也应该积极探索外国会计理论当中的先进知识和最新成果，这样不但可以丰富会计教材的理论知识，还能拓展学生的知识视野。

最后，教师可以适量使用国外原版专业教材，但要根据本专业的教学大纲对其进行整合改编，来适应国际化的教学需求。在学校的政策扶持下，沈阳大学会计系教师结合会计实践要求编辑了会计实训类教材，以切实提升学生的实践能力。

5.5.4 实训教师的培养

从事会计学教育的教师不仅要具备较多的会计理论知识，还要具备手工操作能力、网络操作能力以及会计软件运用能力等综合会计实践能力。目前，会计学专业的绝大部分青年教师是从高校毕业后直接从事会计教学的，虽然会计理论知识较为丰富，但实践能力匮乏；一部分老教师虽然手工操作能力很娴熟，但是对计算机的操作，尤其是对网络在会计领域的应用知之甚少。教师队伍的这种现状难以达到预期的会计学专业的实践教学效果。为此，我们加快了对教师实践能力方面的培养，尤其是注重青年教师对地方经济发展的认识，并从企业生产一线聘请会计经验丰富的高级会计师作为兼职教师。

此外，沈阳大学有效处理好教学和科研的关系，鼓励团队成员从事应用性较强的课题研究，并定期给学生开设讲座，来充实教学内容。

总之，学校要建设一支了解社会需求、具有敬业奉献精神和先进的教育教学理念、专兼职结合的高水平教师队伍。

5.5.5 实践能力的评价体系

实践环节的考核是对学生实践能力的认定，对教学工作有积极的指导作用，有利于培养社会所需要的人才。从 2014 年开始，实践能力的评价方法已逐步在学生的实践教学中进行，根据课程不同采取的评价方法也是不同的。为了顺利实施这项改革，教师就要在实践课程的初始阶段将这种评价方法的具体实施策略以及改革目的告诉学生，让学生清楚了解实践内容与考核评价方法。

（1）过关制评价法

过关制评价法在 2011 级至 2014 级会计学专业学生中实施，分为以下两个方案：

第一种方案是按会计学专业培养方案，根据课程开设顺序设计实践教学流程与学生实践课程成绩卡。按照课程流程，前序实践课程成绩合格者才可以进入下一门课程实践；否则，后续实践课程不允许选。如按基础会计强化实训、认识实习→中级财务会计强化实训、成本会计强化实训→会计信息系统→高级财务会计强化实训、财务管理强化实训、专业调查→财务软件应用→ERP 沙盘系统实训、政府与非营利组织会计强化实训、学年论文→Excel 在财务会计中的应用→会计综合模拟实训、财务报表分析强化实训→毕业实习→毕业设计。该方案已在 2010 级会计学专业学生中实施。

第二种方案是在一门课程里，将所有实验项目依据实验流程设计关卡，即每一个训练项目和评价构成一个子单元，只有当前一单元实验内容完成并合格才可进入到下一项实验。该方案已从 2010 年起在会计学专业的基础会计、中级财务会计强化实训、成本会计强化实训、高级财务会计强化实训、财务会计软件应用课程中实施，如在财务会计软件应用实验课程中的 4 个单元（建账与初始化→凭证处理与账簿管理→工资与固定资产管理→期末与报表处理）中应用。此方案在所有开设的实验、实训课程教学大纲中已明确规定并严格执行。

（2）过程评价法

在 2011 级和 2012 级会计学专业的会计综合模拟实训中已采用过程评价法，即在整个会计综合模拟实训过程中，教师严格地考核学生对每个实训项目的不同知识点的掌握情况。例如，教师利用自己研发设计的财务会计软件考试与管理系统，严格检查与评价实习过程中各个环节中的细节。该考试系统与管理系统可以对考核的内容、难易程度、试题数量、分值和时间等进行设置，前提是要根据教学对象与知识点掌握的要求。该方法除了被应用在会计学的实践教学中，还应用于沈阳大学会计学专升本的技能加试和辽宁省的中职升本与升高职的技能加试。

通过该方法的实施，会计学专业学生能够积极主动投入到实训中，在会计业务处理能力与计算机财务会计软件操作能力方面有了很大的提高，并在2014年第八届用友新道杯全国大学生会计信息化技能大赛辽宁省总决赛中获得二等奖。

（3）开放式评价法

开放式评价法适合对学生的综合素质与创新能力做出评价，打破教师一人说了算的评价模式。实践能力评价由三部分构成：学生自我评价、实训团队（小组）评价和指导教师评价。学院在2011级和2012级会计学专业班的ERP沙盘实训与2014级和2015级会计学专业班的中级财务会计模拟实训中采用了此方法。实训考核成绩的构成是：①学生自我评价，占20%；②实训团队（小组）评价，占30%；③指导教师评价，占50%。实训结束时，首先，学生根据自己在实训中的表现给自己打分，并对实训过程做出自我评价，阐述得分理由；其次，由本团队成员对学生进行客观公正的评价；最后，由指导教师根据实训大纲要求、学生的综合素质以及创新能力给出较为全面的评价，最终将三部分成绩按权重求出总分。

该方法通过使每个参加实训的学生都能在虚拟的企业环境中承担不同的角色，充分调动了学生的积极性与创造性，在各组的对抗比赛中提高团队的团结协作能力。学生在2014年全国ACCA就业力大比拼中获得优秀奖，在2015年全国ACCA就业力大比拼的北方赛区获得优秀奖，在2015年和2016年东北区“网中网杯”大学生财务决策大赛中分别获得三等奖。

（4）周记评价法

周记评价法已在2011级和2012级会计学专业学生的毕业实习中实施。在毕业实习的6周中，学生每周必须与指导教师通过网络沟通一次，上交这一周的实习记录，并就遇到的问题与教师沟通。

指导教师需根据学生的实际实习情况为学生答疑解惑，给出评价并反馈给学生。周记内容由“实习内容”“成绩”“需要解决的问题”“答疑解惑”等构成。实习结束后，教师将这6周的成绩汇总作为学生的毕业实习成绩。这种方法根据毕业班学生在外地实习的特点，采取网上沟通的形式进行指导、检查与评价，使毕业实习取得良好的成果。

5.6 会计学专业群建设

为推进课程体系与教学内容的深化改革，能够将相关学科和专业做到直接交叉融合，沈阳大学工商管理学院以会计学为龙头专业，带动财务管理、工商管理、国际商务、人力资源管理等相关专业群建设，以此来完成专业课程学习领域的课程开发，完善应用型专业人才的培养模式以及以职业需求为导向的课程体系设计；努力将校内的实训基地建设成为设备一流、资源共享、功能齐全的教育实训基地；建成“双师”素质优良、结构优化的专业教学团队；全面提升社会服务能力，旨在让地方经济的管理咨询与服务的人才培养需求得到满足，打造省内同类院校同类专业群的标杆。

沈阳大学构建了“面向辽宁区域经济建设的会计示范性专业群”，通过大力发展与地方产业集群相对接的特色专业群，既为会计学、财务管理、工商管理、国际贸易和人力资源管理等专业毕业生提供了良好的发展空间，又为区域经济的发展输送了人才；通过“平台+模块”打破专业壁垒，融合各专业综合发展，培养服务于地方经济建设的动手能力强、综合素质高的高级应用型人才；能够以“平台”实现5个专业的资源共享，即“教学资源共享平台”“实习基地共享平台”“教学团队共享平台”“实验实训共享平台”，以“模块”来构建会计学专业性示范群中的各专业特色（见图5-

12）。同时，专业群中的各个专业根据自己的专业特色，制定符合教育要求和适应社会需求的专业人才。

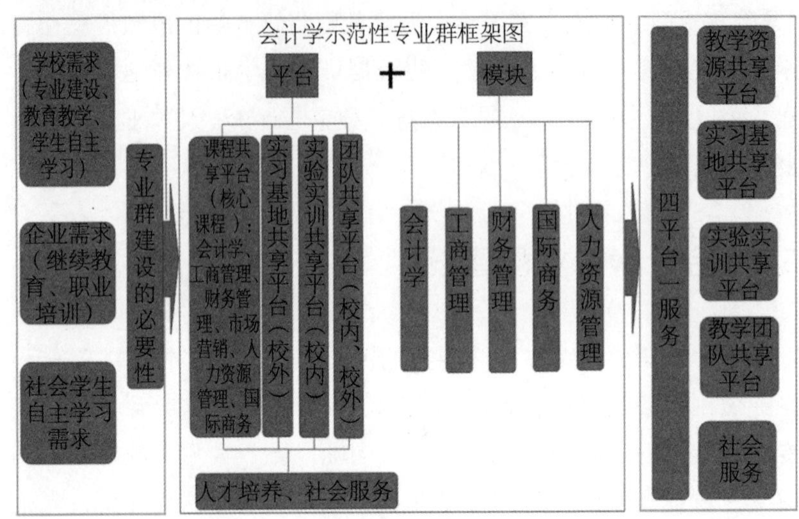

图 5-12 “平台+模块”模式的专业群结构

会计学专业群的建设取得内部效益，共享群不仅能够共享成果、平台，更能提高办学的建设效益。建立外部牵引和内部创新并重发展的模式，打破藩篱，将各专业资源整合，实现 1+4 大于 5 的效果。

5.6.1 会计学专业群的建设内容

沈阳大学自获批会计示范性专业群以来，围绕着本校转型发展，构建与区域优势特色产业衔接的专业体系，优化专业结构，提高学校专业建设水平，通过“平台+模块”形式对工商管理学院各专业机构进行优化调整，建立以会计学专业为核心，辐射财务管理、旅游管理、企业管理和人力资源管理专业的共享平台。在共享平台上，每个专业都能实现课程体系和人才培养模式的共享、培训基地和培训内容的共享、教学团队和教学资源的共享。

会计学专业群的具体建设内容包括以下几个方面：

（1）服务辽宁省区域经济，打造适应营商环境、以会计学专业为核心的专业群

辽宁省经济以制造业为主，面临着产业结构的转型与调整、服务业的创新与发展以及传统产业的升级，对综合素质好、动手能力强的复合型人才的需求量越来越大。鉴于此，沈阳大学立足于以会计学为代表的优势专业，通过与财务管理、国际商务、工商管理、人力资源管理和旅游管理相关专业的融合，建立了管理学学科内专业相互交叉、综合渗透的示范性专业群。专业群的建设将加强商业人才的培养模式改革，巩固与企业和行业的合作，为满足区域经济发展的需要，充分发挥地方性大学的教育优势，围绕核心专业建立有特色的课程体系及课程群，共享教学资源和实验、实习基地，加强专业群的特色和辐射作用。

（2）带动相关专业，推进产学结合的应用型人才培养模式的改革

会计学专业与财务管理、工商管理专业有着密切的联系。会计学专业教师所开设的会计学基础、会计信息系统等课程是这些专业的基础课程。因此，会计学专业在推进产学结合的人才培养模式的改革探索、进行课程体系和教学内容改革的同时，一方面能使财务管理、工商管理等专业从会计学专业的建设成果中受益，另一方面也为财务管理、工商管理专业探索和推进产学结合的人才培养模式、进行教学内容和课程体系改革起到示范作用。沈阳大学工商管理学院在“会计示范性专业群共享平台”网页上传精品资源共享课3门（会计学基础、财务管理、会计电算化）；平台核心课程7门：会计学基础、管理学、市场营销、财务管理、国际商务、人力资源管理、管理信息系统。

（3）适应区域发展，优化专业结构调整

首先，沈阳大学建设国际商务专业，为辽宁自贸区培养能从事国际商务管理工作的国际化、信息化、应用型商务人才。财政部

将管理会计列为会计改革发展的重点方向，深入推进会计强国战略，沈阳大学工商管理学院将财务管理专业本科教学与美国注册管理会计师（CMA）资格相结合，将2015级培养方案与美国注册管理会计师考试内容相结合。

其次，沈阳大学增加信息化课程的比例，着重培养学生的信息应用与处理能力。沈阳大学增设了与企业信息化管理有关的课程，如C语言程序设计、电子商务、项目管理、ERP专业数据库等。同时，沈阳大学加强对会计信息化仿真教学环境的建设及教学软件的开发与购置，在现有实训中心的基础之上，进一步加大综合类实训中心的建设力度，加快对财务会计综合模拟培训中心的建设，为会计学专业学生提供专业化的培训平台，使学生能够通过信息化课程的学习和实训阶段的练习，熟悉企业的实际操作流程和操作环境，在毕业时充分掌握企业信息管理的各项技能。

（4）组建适合专业群体建设的“双师”型教学团队

专业群建设的重要保障就是师资队伍的建设，会计学专业群的教师不仅需要掌握企业中不同岗位需要具备的职业技能，更要密切关注所在区域的经济发展动态，积累企业岗位实践的经验。在此基础上，会计学专业群出台了“专业群人才培养及引进政策”，“分层次、有重点、全方位”地培养教师队伍，包含了教师的在职培训、境外培训、学历提升、专家讲学、社会调研、青年教师培养及打造名师等方案，建立了一支全职、兼职教师和“双师”型结构并存的优秀教学团队，该团队可以支持相关专业教师的建设。核心专业的教师也应参加专业群中其他专业的相关教学活动，并且将重点专业的教学理念和方法推广到其他专业的教学活动中。沈阳大学依托地方企业与校内的资源，按照以培养为主、培养与引进相结合的方式；本着以专职为主、专职与兼职相结合的思路，组建“校企互通、专兼结合、素质优良、结构合理”的“双师”型教学团队。

（5）加强相关专业课程的实验培训建设，实现资源共享

沈阳大学通过建设会计学专业实验室和培训基地，并在形成良好的实验、实训条件后，相关专业会计类课程的实验、实习可以在会计模拟实验室、ERP综合实验室及校外实训基地完成，更好地实现教学资源共享。教学资源的共享平台包括课程视频、课程讲义、课后习题、案例、真账实训、知识点拓展内容、在线自测和考试系统、课程教学和交流工具，以及多媒体技术应用的在线课程。此外，共享平台具有统计数据的功能，包括学生考核成绩、模考成绩、出勤情况和历史成绩等。通过设计和建设实验、实训平台和教学资源平台，沈阳大学实现了专业群中各专业的教学资源共享。

5.6.2 会计学专业群的建设成果

自会计学专业群建设以来，沈阳大学围绕着学校的转型发展，构建了与区域优势特色产业衔接的专业体系，优化了产业结构，提高了学校的专业建设水平，在以上几个方面都取得了丰硕的成果。

首先，建立起“会计示范性专业群共享平台”，并发布专业教学资源库、专业课程组、教师队伍建设和管理平台等一系列信息，充分实现智能化管理；使教学、评估、管理等事情简单化且系统化，为专业群体的建设奠定了坚实的基础；将人才培养模式与师资队伍建设、课程体系改革、校企合作、教学实践条件建设相结合，总结社会服务能力培养过程中的材料和结果，将所有共享资源上传到“会计示范性专业群共享平台”。

其次，为了适应辽宁区域经济的发展，优化专业结构调整，调整现有专业课程，增大了信息化课程的比例，着重培养学生的应用能力。

最后，依托地方企业与校内资源，按照以培养为主、培养与引

进相结合的模式，建立一支“双师”型专业教学团队，在每个教学和学习环节中应用共享资源库，以支持课程教学和学习过程，改革评估方法，完善应用系统的建设。

沈阳大学在一年时间内通过对会计学专业组的建设，完善了应用型本科会计学专业的培训模式，将会计学专业与财务管理等专业相结合，全面提高了人才培养质量。

如今，应用型本科院校的办学特色主要体现在专业群的建设上。从微观的角度看，专业群是以学校的优势特色专业的专业群建设为核心的；从学科的综合体系出发，专业群建立共享平台，通过专业群间横向联动、联合实训，提高学生综合能力与技术，形成群核心竞争力和建设机制；从宏观的角度出发，专业群充分发挥专业群体的优势，是应用型本科院校，特别是新转型的应用型本科院校的必然选择。

5.7 开展创新创业教育

创新创业（以下简称“双创”）已经成为新常态下我国经济和社会发展的重要动力。2015 年全国两会《政府工作报告》中首次提出“推动大众创业、万众创新，培育和催生经济社会发展的新动力”。为了能够帮助学生更好地开展创新创业活动，从 2014 年起，沈阳大学聘请会计系毕业的优秀校友为创新创业导师。截至 2018 年 7 月，共聘请优秀校友 13 人为会计系创新创业导师，累计指导会计系学生 260 人次。会计系 2013 级会计 1 班白雪同学在创新创业导师的指导下，已成功进驻沈阳启点创客基地，开展实体创业。

沈阳大学与辽宁中平会计师事务所和财远纳税人俱乐部等企业联合开展创新创业活动；积极开展创新创业教育讲座，邀请校内外优秀创业团队或负责人现场传授创新创业经验，截至 2018 年 7 月累计开展创新创业教育讲座20多次；积极与企业开展合作，创建了包括辽宁中平会计师事务所和中深集团在内的14家校外实训基地。

第6章　沈阳大学会计学特色教育的质量保障和评价体系建设

由于特色专业建设的内外部条件经常发生变化，会计学特色专业建设和运行过程中可能会出现一定偏差，因此，高校、各主管单位、企业以及相关咨询机构可以成立特色专业建设指导委员会，对特色专业建设过程中的教学资源配置、经费使用、专业建设运行情况、社会知名度和美誉度等进行实时跟踪和监控，及时发现特色专业建设过程中的不足之处，找出这些问题出现的原因并督促进行纠偏，确保特色专业建设正常稳定运行。

6.1　建立健全教学管理机制

沈阳大学合理配置理论课程与实践教学的学时，建立科学合理的考核机制，促进教与学的相互增长；建立实习、实训基地，为培养应用型创新人才服务。

6.1.1 学校管理机制

沈阳大学建立校、院、系三级教学质量评价机制。学校管理机制包括校教学指导委员会、主管教学副校长、教学督导专家、校外专家、学校教务处（内设质量评价办公室）。为了强化教学运行与质量监控，学校制定了一系列教学管理文件。

学校教务处和教学质量督查与评估办公室，根据《沈阳大学教学质量检查评价办法》，按照学校评价学院、学院评价师生原则，公平、客观原则，可操作、低成本原则，排序确定综合评价结果原则，先易后难、逐步完善原则，依据各教学环节的质量标准，制定了一套完善、合理、操作性强的教学质量评价办法。评价办法的相关文件主要包括《教学计划执行情况检查评价办法》《教师备课工作检查评价办法》《课程建设情况检查评价办法》《听评课活动情况检查评价办法》《沈阳大学教材选用及评价办法》《教师课堂教学情况检查评价办法》《毕业设计（论文）情况检查评价办法》《实习（实训、课程设计、学年论文）情况检查评价办法》《实验（上机）教学情况检查评价办法》《考试工作情况检查评价办法》等9个部分。每个部分均包括检查评价点、检查评价办法、评价标准、评分计算办法等4项内容。为鼓励先进，有些部分还增设了加分项。本办法中的26个检查评价点，每个评价点均有量化评价标准，这些评价点基本涵盖了教学过程中涉及的各个主要方面。

为保证教学质量评价办法的有效实施，学校成立了教学质量检查评价工作领导小组，建立了一支检查评价工作专家工作组。此项工作在运行期间，学校相关职能部门对检查评价办法不断进行调整、细化和完善，使之具有更强的针对性和可操作性、更广的涉及面。专家组的工作逐步实现程序化、制度化，各位专家按照各自分工，公平、客观地开展工作。每项检查工作信息采集样本的覆盖面均超过全校各专业基本材料的10%。同时，信息采集和检查评价工作要求按规定时段操作，所需样本随机抽取，并以学年为单位对各教学单位评价结果汇总排序，及时反馈发现的问题。

6.1.2 学院管理机制

全面推进会计人才培养模式改革工作，是地方性大学为区域经济建设和社会发展服务的必然选择。在多样化的人才培养模式下产生了多样化的教学方法、运行机制与评价体系，但许多地方性大学的传统教学管理模式不能适应会计人才培养模式的改革，主要表现在以下几个方面：

第一，缺乏自主性。一般来说地方性大学采用由上到下的“直线式”管理模式，强调行政权力，二级学院在学院发展的重大事务上必须与学校保持高度一致。无论是学校的教学改革、专业设置、招生计划等管理，还是课程编排、教师工作分配等日常管理，几乎都是按学校的综合指令进行的，很难或极少根据自身学院的实际情况进行调整，更无法根据自身特色进行创新。

第二，督导工作不够全面和深入。首先，多半的二级学院督导工作仅停留在已经产生了的教学资料上，如毕业设计、教学方案、教学程序等。然而，对这种已完成工作的督导是一种事后督导，在一定程度上减弱了督导的指导性与建设性，使督导工作只停留在表面的问题检查上，起不到实质的作用。其次，二级学院督导工作对学生的实际学习成果以及学习过程缺少关注，缺少对教学大纲、教学计划的科学研究与合理有效的教学设计。最后，二级学院的监督工作执行不严，着重于纠错，却不重视纠错之后的整改，使督导工作流于形式。

第三，未能允分运用评价结果实施奖惩措施，导致评价结果对被评价人难以产生影响，这极大地削弱了二级学院督导工作的质量与有效性。因此，要根据督导检查结果对被检查者进行相应的处置。

针对上述传统教学管理模式不能适应地方性大学会计人才培养模式改革的几个方面，本书提出的针对地方性大学二级学院人才培养教学管理机制的措施有如下几点：

第一，增强二级学院的督导自主权。增强二级学院的人才培养教学管理机制的自主性，可以从增强二级学院的督导自主权入手，改变从上到下的层层管理机制，给予二级学院的人才培养教学管理机制充分发挥的空间，建立二级学院的自主督导制度，允许二级学院督导工作有创造性地开展，以学校教育的宏观调控作为中心指导，根据学校的具体情况和师生教学内容的实际开展，进行有效督导。

第二，二级学院督导认真落实“督教”与“督学”两手抓。“督教”要求对教师教学的监督和对学生学习成果的检查，都要严格把握住督促管理的基本要求。要全面落实人才培养教育管理，适应全面的监督与监控。不管是对教师的教材备案、教学设计、实践教学，还是对学生的成绩评定、毕业论文设计等，都要给予指导与提议。“督学”重点关注学生学业上的问题，引导学生制定学习目标和学习计划，严格考场纪律，对学习成果进行监督，进而进行相应的教学方式整改。

在实践中，工商管理学院按照学校教务处制定的各教学环节的质量标准，参照教学质量督查与评估办公室的教学质量检查评估办法，结合各专业特点制定本学院主要教学环节的教学质量评价标准，主要有《工商管理学院教师课程达标工作方案》《工商管理学院教学大纲、考试大纲标准规范》《工商管理学院各专业命题质量标准》《工商管理学院课程设计质量标准》《对学校各教学环节检查情况的处理办法》等，据此对理论课教学、课程设计教学、毕业设计教学、实验教学和实习教学几个环节进行评价。学院的教学运行管理机制图如图 6-1 所示。

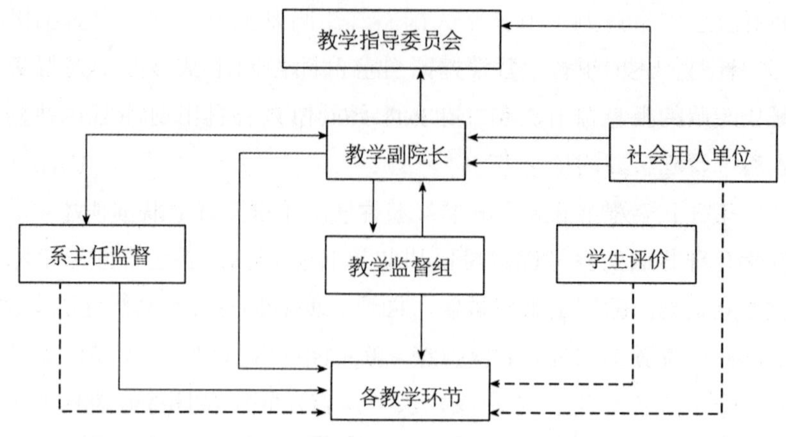

注：实线为信息反馈，虚线为监督。

图 6-1　学院的教学运行管理机制图

6.1.3　系部管理机制

系部管理主要是系主任监控和教师之间互相检查。系主任负责组织全体教师讨论制定及修订人才培养方案、对教学大纲进行初审、组织集体备课、对拟选定的教材进行初审、对期末命题进行初审、对毕业论文选题进行初审以及审批学生开题报告等。教师互相检查主要包括试卷复查、相互听课、毕业论文评阅等。

（1）以学校和学院完善的教学管理制度为保障

系部管理要以学校的教学管理制度来保障教学管理工作的优化开展，按照学院的教学管理工作开展现状进行摸排，对教学的方法、内容、质量以及学生的学习、社会实践等情况进行分析，形成分析报告，在分析报告中明确满足教学管理过程的实际需求；对系部下各专业的教学管理工作的开展现状开展调查，对平时开展教学管理的情况、问题进行搜集，这样才能使系部之间对教学管理工作意见的反馈渠道畅通，提供方便学生、老师的反馈平台。

（2）在日常的管理中提升教学管理质量

教学管理质量的提升，需要相关工作人员从平日的工作出发，从点滴处服务好学生和老师，不断提升教学管理的质量。一方面，学院开展精细化的教学管理，在为老师提供服务时更加全面，在解答学生疑难问题时更加细心；另一方面，学院采取更人性化的办事方法，从全局的角度出发，在遵守学校、学院教学管理规章制度的前提下，灵活地处理遇到的问题。

（3）以现代化教学管理手段深化教学管理

沈阳大学依托新媒体技术的现代化教学管理手段，逐步完善教学管理手段的信息化程度，提高教学管理效率，实现教学管理工作的深化。学校在教学管理系统的运用上更加科学化，提高信息平台的使用率，保证学生的考试系统、学生学籍管理系统等的网络化运营；随时进行教学管理系统的优化升级，以最先进的硬件设备为基础，在软件上进行创新和优化。

6.2 质量保障措施

沈阳大学根据学校、学院、系三级质量监控和评价的反馈结果，不断修订培养方案和改进教学内容，近几年根据各渠道的反馈意见主要做了如下调整和改进。

6.2.1 继续加强会计国际化人才培养

（1）会计英语教学应完善目标需求分析

地方性大学的办学思想、出发点及目标必须立足于社会需求，在社会需求中寻找适合的培养方式，从而确立自己的教育项目和发展方向。会计英语教学作为一门专门用途的课程，应该立足于“特定的需求”而开设。课程设计过程中制定的教学大纲、教学方式、教学目标都应满足市场对会计英语的特定需求。

（2）实施分方向培养

会计学专业与英国特许公认会计师公会合作，开设国际会计方向班，单独制订培养方案，引入国际会计人才培养理念和模式，培养国际化会计人才。

沈阳大学完善调整ACCA与会计学人才培养方案，满足应用型人才的培养目标和行业用人需求。学校根据技术领域和职业岗位（群）的任职要求和英国特许公认会计师公会全球考试的需要，改革ACCA专业课程：在原有9门课全部采用英文原版教材和双语授课的基础上，增加5门选修课，使学生既掌握本国会计理论又掌握国际会计理论，培养具有现代思维和国际视角的国际会计人才；建立会计学综合实验实训平台，通过与国有企业、会计师事务所等建立人才培养基地和实验实训基地，集社会和教学资源于一身，综合培养学生。

（3）优化会计英语的课程设计环节，提升学生素质

会计是一门理论性和系统性较强的学科。教育过程中的“知识本位”会引起重学术、理论，轻应用、实践的偏差，短期来说不利于学生能力的培养和提升，长期来说不利于培养出优秀的会计人才。我们应注重理论与实际相结合，关注学习者在学习过程中的体验和语言的使用，更关注学习的过程，有利于会计英语教学中对学生的“素质”和“能力”的培养。

当前一些会计英语教材主要阐述会计理论知识，这些内容在实践中不仅不实用，而且十分乏味，不利于提高学生的积极性和学习效果。学生在会计英语的学习过程中也更容易接受真实的会计英语素材，注重与会计国际准则的结合，这样才能更有成效地提升自身的素质和能力。

（4）借鉴国外会计学专业的教学模式

国外会计学专业的教学模式主要有以下两种：

①美国模式——“课程实践”“实验操作”与“项目研究”

并重。

课程实践是一种“以学生参与为主，以教师授课为辅”的教学方式，教师在教授专业知识的同时更注重引发学生思考问题，学生构建学习小组，进行讨论、案例研究、文献点评等多种形式的自主学习。

实验操作是指为学生创造角色体验的仿真环境，如模拟经理人、会计师等，让其在模拟的环境下运用所学知识，进行业务操作。

项目研究是指将实务经验与行业最新情况引入课堂，以团队合作的形式进行项目研究，提高学生的沟通能力。

②英国模式——“课程实践”。教师一般只将专题的框架、重难点和前沿理论展示给学生，并向学生提供参考书，其他的内容则由学生通过查阅资料、研读文献等方式来获取。

借鉴国外会计学专业的实践教学模式，沈阳大学在人才培养方案中运用现代教育思想和教育理念，实现“课内实践”“课外实践”与“校外实践”相结合的实践教学模式。

其一，课内实践。沈阳大学将案例教学与实验项目课程讲座相结合，在讲述基础知识后，引入案例分析和研讨，并根据教学进度设计项目实验。课程讲座是邀请校外专家、一线会计工作者为学生讲授会计实务，以便学生获取一手行业信息。

其二，课外实践。沈阳大学为学生提供暑期项目，加强与国外高校的联系与合作，开展暑期交流项目或暑期研修班，使学生体验国外高校的课程体系与教学模式；由指导老师和学生共同承担课题，学生在老师的指导下搜集资料和学习有关理论，最后形成课题研究报告；调动学生的学习积极性，促使学生积极参加案例比赛，帮助学生检验学习成果。

其三，校外实践。沈阳大学拓展了国际交流实习基地。国际化会计人才的培养离不开校外实践活动，高校需要加强对外合作交流，拓展海外实习基地，这对提高学生的涉外会计业务处理能力，培养国际化会计人才大有益处；应组织和鼓励学生参与境外实习，为学生提供接触国际业务的实习机会，锻炼实务操作能力，培养国际视野。

6.2.2 加强会计信息化人才的培养和会计信息化课程建设

（1）关注会计信息化建设，完善人才培养方案

我国会计信息化建设已进入快速发展阶段，社会迫切需要既通晓会计业务又熟悉信息技术的高级复合型会计人才。会计信息化建设飞速发展，仅掌握会计学专业知识已不足以应对经济发展的要求。虽然各地高校相继增加了“会计信息系统”“会计信息化”等课程，但对多数院校而言，实质上并未与原来的会计课程良好地融合。培养会计学专业学生的信息技术思维和综合能力，有的放矢、开拓创新、实效高效地把信息技术类课程全面嵌入会计学专业人才培养方案中，全面提高学生的信息技术素质和能力，培养复合型会计信息化人才是我们努力的方向。

（2）会计信息化课程体系的构建思路

随着计算机技术、数据库技术和人工智能的发展，会计信息化技术日新月异，会计从业人员必须掌握会计信息化的相关知识和应用。地方性大学肩负重筑会计信息化课程建设的任务，以适应市场需求，完成对新型会计人才的培养。

会计信息化人才不仅要求单独具备会计和计算机两个方面的知识，还要注重两个方面知识的融合与应用，促进会计信息化从理论知识不断提升到实践经验。因此，学校在课程体系的构建中应该围绕着会计信息化应用，具体根据地方性大学的培养目标、信息前沿技术以及市场对会计信息化人才的要求来安排课程内容。课程内容框架可参考的包括会计信息系统、企业管理和业务循环、ERP 系统、网络财务报告、会计信息系统开发、会计信息系统安全管理、

会计信息系统控制、会计信息系统审计等，各地方性大学可适当调整。同时，学校应注重更新教学内容和实验内容，并对教材使用进行规范。在设置信息化课程的同时，学校不要忽视与会计类课程的结合，通过案例和实验强化会计信息化课程，巩固基础理论知识。

（3）修订会计信息化人才培养方案

在原有会计信息化课程的基础上，将“财务会计软件应用”课程与“ERP沙盘模拟实训”课程联合教学，将“会计信息系统”拆分为2个学期分步进行专业化训练，将“Excel在会计中的应用”课程实训嵌入专业综合竞赛中。

6.3 评价机制

（1）明确教学评价目的

高校要明确大学课堂教学评价目的，在此基础上更好地践行高校教学方案，为我国社会主义现代化建设培养全面发展的综合人才。高校管理者和教师要结合评价指标，逐步完善课堂教学评价体系的内容。高校要积极探索有利于学校、教师、学生发展的教学评价模式，引导教学评价体系更加制度化、规范化。

（2）构建多元化的评价方式

高校要针对评价主客体的不同，选择有针对性的课堂教学评价方法，构建多元化的教学评价方式。

其一，制定综合化的教学评价体系。高校在评价过程中要保证各教学参与者参与到其中，可以采用数据收集、专题讲座、集体会诊的方式，就教学中存在的普遍问题展开一系列的讨论，从根本上提高教学评价的实效性。

其二，创新教师自我评价方式。这不仅要求从量化指标，如教学成果、论文、科研成果等方面进行评价，还要从教学的实际情况入手，对教学的内容、方案、实施效果进行系统化的评价，以保证教学评价的真实性和客观性。

其三，建立良好的沟通反馈机制，及时听取教师与学生的意见，整合反馈信息，及时修订教学评价指标。

(3) 增加教学评价标准的精准含量

这是指为大学课堂教学评价体系提供重要的决策指标，做到有理可依、有据可行。在教学评价标准的制定过程中，高校要坚持定量分析和定性分析相结合的原则，将人本理念及科学管理意识深入践行到评价体系中，如大学课堂教学的内容是否符合当前时代发展形势、教学目标的制定是否与学生的认知水平相适应、教学方案的设置是否促进学生的能力提升等。此外，教学评价标准的制定要重视一线教师的参与，给予一线教师足够的话语权，切实增强教学评价标准的客观性。

6.3.1 学校评价标准

(1) 规范绩效评估程序

根据教育部门下发的评估指标，高校要全面分析自身的办学绩效，从评估结果中发现问题，找出薄弱环节，结合学校的战略发展规划，采取针对措施，以改进绩效评价标准，并由此得出客观公正的绩效评价，评价结果必须得到院系领导和师生的认可。另外，评估必须组织高校内部和外部专家，设计科学合理的评价指标体系，规范评估过程，制定严格的评价程序，建立严密规范的信息收集渠道，确保评价结果的公正性。

(2) 注重校评机构与院系管理人员和教师的反馈

信息不对称是开展高校绩效评价面临的一大困难，学校评估机构应将所收集的信息按院系在校内公开，形成院系之间的互相监督，防止某些被评估对象为了自身利益隐瞒、虚报、错报基本信息。另外，收集到的基本数据和信息应以纸质形式体现，并由各负责单位和个人签字盖章，明确责任。只有实现信息的公开、交流和互动，才能确保评价结果的权威性和客观性。

（3）年度评价与中长期评价相结合

高校人才培养与学术研究具有周期性和长期性的特点，因此，高校在评估过程中要注重年度评价与中长期评价相结合。年度评价是对本年度教学、管理及业绩指标的评定；中长期评价是以一个较长期间的目标来衡量办学绩效。在实际评估中，高校可以以5年或更长时间的发展规划目标为参照系，在纵向上可将历年指标进行对比，在横向上可列举出办学水平和层次相类似的地方性大学，将本校的绩效指标同类似高校的绩效指标进行对比，寻找优势与差距，优势可以互补、借鉴，总结差距，尽力弥补不足之处，以使评估结果客观公正，最后全面总结学校的办学绩效。

（4）不断健全和完善绩效评价指标体系

绩效评价指标体系为院系领导和教师评估工作的开展提供指南。高校只有不断健全和完善绩效评价指标体系，才能适应不断变化的教学和管理工作的需要。因此，高校必须及时对已有的指标体系进行修正和完善，及时地剔除偶然性因素和指标设计上的缺陷，以适应不断变化的新形势的需要。这不仅要保证一个评价周期内评价指标的稳定性，还要从长远发展着眼来促进评价指标的不断完善。

6.3.2 院系评价标准

在教学工作中，学院会计系的带头人与广大教师认真执行学校各教学环节的质量标准，专家委员会适时对理论课教学、课程设计教学、毕业设计教学、实验教学和实习教学几个环节进行评价。评价结果由学院或系的领导向教师反馈，并将其存入教学文档和教师档案。

学院努力推进学生学业水平评价改革，注重对学习过程的考核。过去，学院对学生的学业水平评价采取期末考试试卷的形式；现在，学院改进了对学生的考核方式，分别在期初、期中和期末 3 个阶段进行评价。学业水平的评价方法包括课程作业、案例分析报告、课堂讨论和课件演讲等形式，改革考试和成绩评价制度；会计信息化类课程全部改为机考；加大学生案例讨论和日常作业成绩比例，将案例讨论与会计实务分析相结合，综合考核学生的实践能力；学生考取会计学专业相应职业资格证书可以抵顶选修课学分等。学院注重实践能力的评价，将毕业实习与毕业论文相结合，综合考核学生的实践能力，实现共建单位与学生就业对接。

学院建立有利于提高学生实践能力和综合素质的评价方式。会计实务操作实训是在有限的学时内培养学生对基本知识的掌握和运用，在平时实训课程中对关键会计理论知识点进行强化训练。在实践教学评价环节中，学院按照人才培养目标和会计职业能力需要，结合学生的知识结构，将评价的重点放在会计业务处理能力和就业能力上，构建评价方法与评价项目，改革评价方式与方法，激励学生积极主动地参与实践，以实现高级应用型人才的培养目标。学院安排学生参加会计方向的创新创业项目和毕业实习会计实务；鼓励学生进行校外实习基地的实习会计实务，在校外实习基地实习半年，实习结束后上交其所在实习单位的综合财务分析报告，与毕业论文共同形成毕业考核的评价指标。学院通过检查执行情况，考核实习成果，保障实习质量的稳步提升。

6.3.3 教学质量评价方式

沈阳大学对教学质量的评价采取了如下方式：

（1）教学检查

学校教学质量督查与评估办公室组织教学督导人员定期抽查教师的各教学环节的教学文件，随堂听课，深入实验室检查实验教学情况，并对各环节被检查教师的情况进行量化打分，定期反馈给学院。学校领导、学院班子成员、系主任每学期都有一定量的听课任务，并要求听课后及时向被听课教师反馈意见。学院要求每一教学环节结束后，教师先自查，然后学院组织抽查。

（2）教学督导

学院定期召开教师、学生座谈会，广泛征求意见，不定期对教师的教学质量、教学管理水平、学生学习情况进行抽查，全面了解教风、学风、教学管理的基本情况，并及时向相关人员反馈意见。

（3）教学例会

学院定期召开教学例会，及时反馈各教学环节出现的问题，以便及时整改。

（4）学生评教

每门课程结束后，学生对教师进行无记名评价打分。

（5）教师评学

教师对学生进行学习成绩考核、能力测验、综合素质评定。

（6）意见信箱

校、院领导和教学管理负责人设立教学工作意见信箱，收集意见，及时反馈信息。

（7）社会评价

沈阳大学定期邀请社会有关方面对本校毕业生的培养质量进行评价。

沈阳大学对课程教学后的考评方式开展改革研究与实践。学校对课堂教学管理的主导思想是倡导先进、鼓励后进，注重团队合作与专业发展，逐步形成有效的管理制度与管理文化。为了保证实践教学效果，学校应建立学生和教师两个方面的教学组织管理和教学质量控制制度。比如，在检验学生的实践效果方面，学校应结合不同实践方式的特点，采取不同的验收及考评机制：案例教学的成绩评定应依据学生参与课堂讨论和撰写案例分析论文的情况；会计模拟实验的成绩评定则采取了平时成绩与实验成绩相结合的方式，平时成绩主要考核课堂出勤情况、课堂表现情况以及自主学习情况，实验成绩集中体现对实验成果的验收与考评；校外实习成绩的评定应主要依据学生撰写的实习日记和调研报告等实习成果的质量。对教师的实践教学质量考核包括教师对实践教学环节的过程控制、实践教学质量评价等方面。对会计实践教学过程的考核包括教师在会计理论授课中对学生实践认知启发、对专业英语与计算机应用能力的重视程度，注重调动学生自主学习的主观能动性和培养学生洞察问题的敏锐性，以及分析问题、解决问题的能力等方面。对教师实践教学质量的考核主要依据学生的客观评价和学生实践教学成果的质量等方面。

6.4 反馈整改机制

根据本科教学质量监控和评价的反馈结果，沈阳大学不断修改培养方案和教学内容。经过调整，沈阳大学会计学专业的培养定位和目标与学校定位、专业定位相符合，课程设置与培养目标吻合度较高，教学计划中专业主干课程和主要专业课程对学生的知识、能力和素质的支持程度较高，毕业生能具备培养目标所要求的知识、能力和素质，并且有一手的反馈支撑材料。

沈阳大学会计学专业的培养方案和教学内容的具体改进措施如下：

①为培养国际化人才，重点增加国际财务报告准则和惯例以及差异比较，继续加强会计学专业英语的应用范围。

②为培养会计信息化人才，不断加大会计信息化课程的比例，“财务会计软件应用”课程各款从 32 学时增加到 64 学时。

③学院强化锻炼学生的实践操作能力，训练学生在财务会计岗位上的综合能力。学院增加了实践课程的学时。实践分为集中实践和课内实训两部分。主干课程实行集中实践；“财务报告分析与应

用”“政府与非营利组织会计”“会计研究动态”“税务会计”课程增设课内实训部分。

为了加强对会计法规、银行结算制度、税务法规的全面掌握，培养学生会计职业道德教育和会计伦理，沈阳大学将“会计职业道德专题”作为必修课；选修课程比例加大；为训练学生初步的科学研究能力以及文字表述能力，增设“会计研究动态”。

④增加创新创业训练，培养学生就业的宽口径和应用性。

第7章　会计学特色教育实践

——以沈阳大学会计信息化教育建设为例

随着企业经营活动日益复杂多样、竞争范围不断扩大、信息处理技术尤其是互联网技术的飞速发展等一系列变革，企业在经营管理过程中能够更及时、准确地获取相关财务信息显得尤为重要。会计信息化改变了数据的输入形式、内容、处理过程、生成和管理以及内部控制，这些变化也直接影响了会计人员的工作内容和方式。因此，会计人员必须参与企业信息系统的规划、设计和实施，在企业中确保其传统重要地位。

在企业会计信息化建设的过程中，会计人员分别承担了不同的任务，在不同的阶段，其能力水平是会计信息化成败的关键。因此，培养会计信息化人才的能力尤为重要，而培训是提高会计信息化人才能力的最佳途径。会计学专业或信息管理与信息系统专业的学生在学习会计基本理论或必要的计算机课程时，可以将理论知识与相应的培训进行有效的整合；同时，在会计信息化实施阶段，不同的研究者有不同的发展能力，为此，沈阳大学设计了会计信息化人才培养的专业培训内容，为会计信息化人才培养方案搭建了人才培养平台。

7.1 沈阳大学信息化实践教学举措

7.1.1 以往会计信息化实践教学中存在的问题

（1）课程培养目标不够明确

课程培养的目标定位主要取决于职业培训的目标，而职业培训的目标应该在当前会计信息岗位上根据社会的实际需要制定出来的。以往会计信息化教学的培养目标主要包括两大类：一是操作性的培养，侧重于培养学生对某种或某几种商品化会计软件的操作能力；二是设计模式，注重培养学生开发会计信息系统的能力。两种培养目标都有一定的局限性，不能满足当今社会对会计信息化人才的需求。

（2）实践教学内容不够合理

课程培养目标直接影响到教学内容，若定位不明确就会造成教学内容的单一化。例如，有的高校只局限于一种商品化软件的操作或只讲授系统开发方法等，还有的学校至今仍在讲授已被市场淘汰的软件。

（3）实践教学方法较为陈旧

部分高校的会计信息化课程的实践教学主要采用讲授法、演示法、实验法等传统教学方法。这些传统教学方法可以培养学生的操作技能，但在培养学生知识综合运用能力、分析问题和解决问题能力、团队协作意识、研究创新精神等方面就显得力不从心。

（4）师资队伍缺乏实践经验

教师是影响会计信息化实习教学效果的关键因素之一。大多数高校的会计信息化教师是从学校到学校，没有实际操作经验，缺乏解决各种问题的实践教学经验和能力。大多数教师是会计学专业的，他们的计算机知识相对薄弱，在教学中往往无法独立解决一些软硬件问题，不能适应 ERP 系统对跨学科人才的要求。

（5）实践教学体系不够完善

传统的实践教学体系不完善，主要是通过教师在机房演示实训项目、学生听课和进行计算机操作的基本流程来完成的。这种传统的、单一的验证型教学体系会影响学生实践操作能力的培养和提高，因此需要建立一套完善、科学、合理的实践教学体系。

7.1.2 会计信息化实践教学的改革对策

（1）确定会计信息化教育的方案

首先，沈阳大学积极响应国家的号召，在高校会计信息化教育中满足基本要求，并将所有可用的信息资源运用到教学中，达到更高水平的计算机辅助教学，多次定期为学生开放会计信息化综合实验教室，并定期定时进行计算机维护和更换等，使学生能够达到良好的会计软件操作水平，而不是单纯地学习会计理论知识。

其次，在现有浓厚的会计文化的基础上，学校营造良好的会计信息文化氛围，促进学生学习会计信息化知识。

最后，为学生提供良好的社会实践环境，为培养更多的会计信息化人才做好充分的准备。

（2）及时调整课程培养目标

会计信息化课程的培养目标应以就业为导向，即首先要满足雇主对会计信息化人才的需求。因此，培养目标主要集中在培养学生的实际应用能力。沈阳大学将课程培养目标定位在：具备一般财务软件操作能力，以系统管理和维护能力为主，具有一定的管理信息基础理论知识；在系统开发方面，可以结合企业软件二次开发的实际情况，提出合理的会计信息综合应用能力的建议。

（3）合理安排实践教学内容

会计信息化作为涉及会计、信息技术、系统科学、管理科学等领域的前沿课题，无法统一其教学内容。各高校通常根据自己的理解和习惯决定教学内容，有的以一般软件操作为主，有的以会计信息系统开发和维护为主。沈阳大学结合上述培养目标，将会计信息化课程的教学内容涵盖以下三个方面：以会计信息化的基本理论和会计信息系统的开发原理为基础，以多品牌财务软件的操作为主体，以系统日常维护为补充。

（4）提高教师实践操作能力

教师是实践教学中最重要、最直接的因素，也是编写实训教材和进行实践教学的直接参与者。教师不仅要有深厚的理论基础、掌握最新的理论标准，还要有较强的实践性。教师需要不断参与实践活动，了解和掌握会计实务工作流程、会计业务处理方法和技术等，并随着会计实务工作的发展而不断丰富实践知识。只有这样，教师才能将会计理论与会计实践有机结合，写出高质量的实训教材，进行形象、生动的实践教学，收到良好的教学效果。

沈阳大学的会计信息化教学注重会计知识、计算机技术与管理学知识的融合，以适应会计信息化工作的新要求，培养优秀的专业人才。沈阳大学从以下两个方面着手培养高水平的实践教学指导教师：一是前往ERP开发或使用企业顶岗锻炼，参与ERP产品的研发及日常维护；二是加强与会计软件公司的合作，在软件升级或更新时积极参加培训，并主动参加开发公司组织的各种认证考试（如用友认证、SAP认证等）。

（5）改革会计信息化教学方法

采用科学合理的教学方法是充分实现教学目标的前提。在当前的会计信息化教学中，多媒体演示方法、计算机辅助教学法、验证式教学法、启发式教学法、案例教学法、项目教学法等是应用比较广泛的。在此基础上，沈阳大学又在实践教学中总结出了设错教学法、基于网络的角色扮演教学法、案例设计教学法等，这些方法的使用将有效增强教学效果，使会计信息化实践教学更具活力。

教师运用学校提供的信息技术，采用多元化的教学手段，帮助学生建立自己的目标（这样可以提高学生的学习成绩和自我效能感），达到教学的双向互动的目的，增强学生学习的内部动机。学生成为整个教与学过程中的主角，教师对学生的培养是教学环节的最终目标（如图 7-1 所示）。

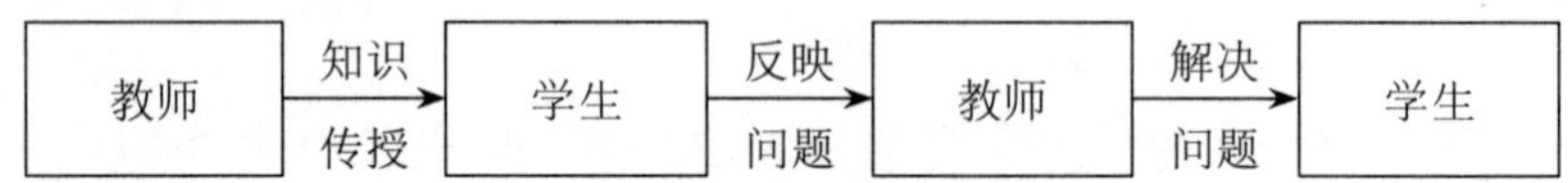

图 7-1 教学过程中教师与学生的关系

在图 7-1 中，“知识传授”是指教师指导学生如何学习和如何培养终身学习习惯，以及教授会计信息化的理论知识、会计信息化的实践技能和经验，以及会计学专业素质和心理素质的相关知识；“反映问题”是指学生向教师请教会计信息化的知识以及如何应对未来各种突发情况；“解决问题”是指教师向学生讲解学生提出的问题以及学生未提及但教师知道确实存在并且应该说明的问题等。在整个过程中，老师有效地对学生进行表扬，并教会学生自我表扬。

会计信息化知识和技能的综合教育，不仅保证了会计信息化教育不脱离社会对人才的要求，而且实现了紧密结合；对学生进行良好的会计学专业素质和心理素质的教育可以大大降低会计人员的犯罪率。

在教学过程中，师生在上课时间外可以通过电子邮件、QQ、微信等信息平台进行交流，真正实现双向互动的教学目标。

（6）改变学生会计信息化学习方法

在学校提供的良好的学习环境中，在具有高知识水平且具有丰富经验的教师的带领下，沈阳大学会计信息化专业方向的学生努力学习会计信息化的知识与技能，积极利用教师提供的互动平台与教师互动；有意识地根据教师传授的知识去逐渐培养自己的专业水平、心理素质以及从业素质，积极为未来从业打下坚实基础，努力为国家经济的稳定、快速发展贡献自己的一份力量。

从学生学习的心理角度来看，学生还自发地参与跨年龄辅导、同龄辅导等学习模式，以提高学习效率。研究结果表明，跨年龄辅导的效果更佳，其内容如图 7-2 所示。

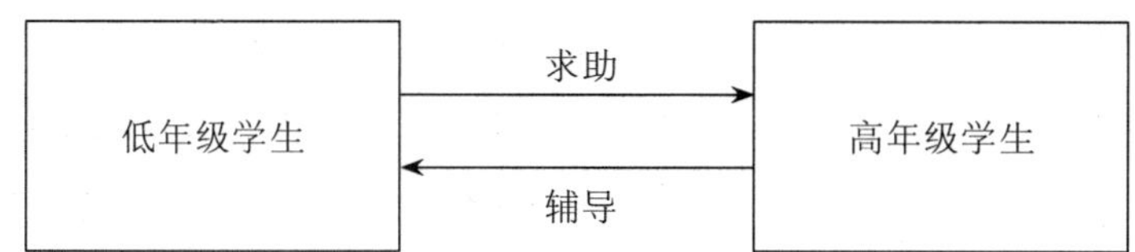

图 7-2　跨年龄辅导中低年级学生与高年级学生的关系

在图 7-2 中，“求助”的内容包括会计信息化理论知识与实践技能方面的经验等；“辅导”的内容是由低年级学生提出且高年级学生能够帮助解决的问题。在整个辅导过程中，辅导者与被辅导者都能更好地掌握知识。

7.2　沈阳大学会计信息化教育的具体实施

7.2.1　会计信息化实训体系建设

（1）ERP 沙盘模拟实训——“物理沙盘+电子沙盘”

该实训主要解决“ERP 是什么”的问题。会计业务贯穿于企业管理的各个环节，会计信息化人员的基本要求就是全面理解企业的业务流程，而 ERP 沙盘模拟实训就是学生全面理解企业业务流程的平台。在 ERP 沙盘模拟实训中，会计业务占据关键地位，学生可以充分了解企业的生产运作，了解各项业务的发生对财务工作的影响。

（2）会计综合模拟实训

该实训主要解决“会计软件怎么用”的问题。通过 ERP 沙盘模拟实训，学生对企业的管理过程已经有了一定的感性认识，接下来进行会计综合模拟实训。成熟的会计软件涵盖资金运动的全部过程，包括应收、应付、存货核算、银行对账、总账、报表等模块。该实训可以提高学生的财务软件操作能力，整体掌握会计软件各个模块之间的控制关系。

目前，国内多数高校进行的会计软件实验是分模块单独进行的，周期短，数据量小，而且不够连贯，没有完整地将财务数据输入到软件中，这样容易造成学生对各模块之间数据的联系和模块控制关系理解不深刻。沈阳大学设计的实训将进行至少两个周期的数据录入，数据包含企业管理的所有主要业务内容，保持了数据的一致性与连贯性。

高校在可能的情况下应加入供应链管理的内容，将采购、销售、库存等模块也纳入信息化管理中，将资金流与信息流结合起来。这样学生能通过学习和操作会计软件，熟练掌握会计软件的功能，理解企业信息化管理的完整过程，充分感受企业经营的连续性。

（3）创建联合模拟企业实训模式

创建联合模拟企业实训模式，即会计综合模拟实训与 ERP 沙盘模拟实训联合进行。联合实训主要解决“企业管理中每项工作怎么做”的问题。ERP 沙盘模拟实训虽然能够从整体角度理解企业的业务运作，但仅掌握这些内容对于会计信息化人才来说是远远不够的，因为将来要进行会计信息系统的分析、设计以及实施，对业务的了解必须全面具体，而 ERP 沙盘模拟实训中的企业运营的各环节都不够细致。进行联合模拟企业实训，即将生产制造企业移入学校，模拟企业生产真实的产品，学校可以根据自身情况来选择一种产品。

联合模拟企业实训使学生亲自参与生产经营过程，完成企业生产经营的各种会计信息的采集和处理，通过真实的单据填写及传递来体会信息流的运动，通过会计信息的处理和传递体会资金流的运动，通过产品的生产加工体会物流的运动。学生在实训中的角色更具体，通过轮岗、角色互换，获得相应的职业能力培训，缩短学生毕业时进入工作岗位的心理、技能和职位的转换期，实现零距离就业。

7.2.2 会计信息化实验教学体系的平台构建

为建设会计学特色专业，做好模拟实训工作，沈阳大学投入大量资金、人力、物力，构建会计信息化实验所用的“企业仿真平台”，具体做法如下：

（1）完善学校现有集团财务核算实验室的教学硬件

会计信息化实验的硬件环境是一个局域网，最佳选择为广域网。因为该实验不仅需要通过局域网传递数据，还需要通过广域网来进行数据传输，所以良好的网络平台是必不可少的。沈阳大学原已建成校园网，具备了基本的网络硬件基础设施，现将原有的机房进行了扩容和改造，对原有的计算机进行升级和更换，符合网络实验教学的要求，为开展会计信息化实验提供了支撑平台和应用环境。

（2）选择适合的集团财务核算实验室的教学软件

在会计信息化实验的软件方面，多媒体技术及一些基于Web的大型数据库管理系统和分布式数据库技术已经日益成熟，被广泛应用于经济领域，因此，需要利用网络版会计软件进行实验教学，以实现整个企业或集团的集中式的财务管理，为下一步企业的电子商务奠定基础，从而为全面提升集团或公司的管理水平服务。沈阳大学选择了功能强、安全性好、可靠性高、有代表性的网络版会计软件。

沈阳大学对教学软件的要求是：

①产品应为供应商自主研发产品，拥有著作权证明。

②产品采用 J2EE 技术平台，采用 B/S 应用构架集中化管理，客户端实行免安装和零维护，全面支持主流的 EJB Server，如 BEA 公司的 Web Logic、IBM 公司的 WebSphere。

③体系结构是以动态服务为核心的，并且在中间件上实现了良好的系统资源管理技术（Connection Pool）、加密技术、XML 交换技术，软件遵循 UML 规范，采用 OOAD 技术，并结合分布式计算标准及支撑技术（CORAB、EJB）和 JavaBean 技术建立自己的业务组件模型。

④教学软件支持各种主流服务器及平台，支持 Unix、Linux、Windows 等操作系统，支持 Oracle、DB2、Sybase、SQL Server 数据库。

⑤教学软件支持全面的数据分布式管理解决方案，提供数据集中管理的分布计算环境，解决规模庞大、业务复杂且地域比较分散的应用问题，并具有较好的拓展性，在英特尔架构服务器上通过 5 万用户并发压力测试。

⑥教学软件支持服务器的集群，提供智能集群监控平台对运行平台进行监控，包括服务进程监控、线程监控、数据库监控、操作日志抽取分析、服务器性能测试、补丁管理等。

另外，生产厂商还会提供专门的优秀实施和后续服务、不定期的教学交流活动，并提供 3 年内免费上门的售后服务。

实验室还满足集团全面预算管理、资金管理的实验教学内容要求，与学校现有集团财务核算、报表实验教学内容集成使用，实现数据互通。未来实验室应该满足成本管理、供应链管理、人力资源管理、制造管理等实验教学内容。

（3）学生分组要求

实验室可保证 42 个人同时进行实验操作。学生可在分组后进行实验，实验老师分组进行辅导。

（4）良好的实验组织

会计信息化实验教学不同于理论教学，有自身的教学特点。实验教学的组织要考虑两方面的要求：一方面要求学生对实验的知识点全面掌握；另一方面要求学生以特定的角色在会计信息系统中完成相应的实验任务，让学生在实验过程中加深对理论知识的理解、消化和对实验的认识、理解。

沈阳大学的具体做法如下：将企业级网络财务软件、模拟企业的会计资料文件安装在服务器上，如将总账、报表、工资、固定资产、应收应付、资金管理、财务分析等系统分别安装在不同的工作站上，实验教师按照会计实务和实验教学的要求，设计多个实验角色（如系统管理员、财务主管、出纳、审核等），采用分组的形式组织学生，每组模拟各自企业建立的账套，通过上网在各自的工作站完成相应的核算，将各自系统产生的凭证，通过网络传递到总账系统，再由总账相应操作员完成审核和记账。期末，各系统完成结账，报表系统完成报表的编制。对于利用网络财务软件进行模拟集团公司跨地区、跨子公司的管理，学生还可编制合并会计报表，进行财务分析。在每次模拟实验过程中，同组的同学可进行角色互换，使每位同学都能体验财务软件所有的操作，掌握财务软件的所有功能。

（5）有效的评价体系

会计信息化实践教学考核不同于理论课考核，不能单纯以期末结果为主。沈阳大学的方式是结合了整个实验过程中的表现。考核内容覆盖所学知识，考核方式灵活多样，在实验中锻炼了学生发现问题、分析问题和解决问题的能力，还能充分激励、调动学生的实践积极性。

7.3 原始凭证认知的会计信息化教学设计实例

现以基础会计课程中的知识内容“原始凭证的认知”这一实例来解析沈阳大学会计信息化的教学设计。这一部分也是许多教师在教学中觉得实现起来难度比较大的部分，但教师只要能充分解放思想，多培养信息化素养，会计信息化教学能让课堂内容更丰富精彩。具体的教学设计见表 7-1。

表 7-1 **原始凭证认知的会计信息化教学设计**

<table>
<tr><th colspan="2" rowspan="2">教学环节</th><th rowspan="2">教学内容</th><th colspan="2">教学互动</th><th rowspan="2">信息化教学资源</th></tr>
<tr><th>教师活动</th><th>学生活动</th></tr>
<tr><td colspan="2">课前导学</td><td>导学资料</td><td>教师收集资料，在订阅号上提前发布，进行课前导学</td><td>学生订阅，查阅相关信息，参与问卷调查，反馈日常生活中的票据</td><td>1. 微信公众平台：导学案例、新闻视频
2. 问卷投票、票据收集</td></tr>
<tr><td colspan="2">课堂导入（5分钟）</td><td>知识点一：原始凭证的基本概念</td><td>1. 教师展示票据并提问：这些票据说明了什么？
2. 引导学生理解原始凭证的基本概念</td><td>1. 学生讨论并回答
2. 学生登录教学平台，查看电子教材</td><td>1. 微信公众平台：后台学生上传的票据
2. 电子教材查阅</td></tr>
<tr><td rowspan="3">把握重点（20分钟）</td><td>观</td><td>知识点二：原始凭证的基本内容</td><td>教师从展示的原始凭证中选取两张，引导学生做简单的业务解读</td><td>学生观察并回答</td><td>电子教材查阅</td></tr>
<tr><td>思</td><td>一、每一张原始凭证都包含了哪些内容？
二、各张原始凭证具体反映了什么样的经济业务内涵？</td><td>1. 引导学生对比思考两张原始凭证，请学生找出它们的共同点
2. 归纳总结原始凭证的基本内容
3. 引导学生掌握陈述要点</td><td>1. 学生主动思考作答
2. 在电子教材中查看相关内容
3. 学生观察原始凭证的基本内容，思考并组织语言进行描述</td><td>电子教材查阅</td></tr>
<tr><td>辨</td><td>一、准确迅速解读原始凭证，并判断其经济业务的内涵
二、将原始凭证进行分类</td><td>1. 教学平台发布实训任务，引导学生运用电子教材查找信息
2. 展示结果并进行点评
3. 以任务二中的案例为基础讲授分类的依据和具体内容
4. 组织实训闯关，并进行点评</td><td>1. 学生分组领取任务，解读原始凭证的基本内容
2. 对不熟悉的原始凭证在电子教材中进行查找，思考并组织语言进行描述，选取代表展示小组讨论结果
3. 尝试如何进行分类，完成实训闯关</td><td>1. 电子教材查阅任务：6张不同的原始凭证
2. 链接微课资料：常见原始凭证介绍
3. 链接资料：Flash动画再现凭证场景</td></tr>
</table>

续表

教学环节		教学内容	教学互动		信息化教学资源
			教师活动	学生活动	
突破难点（20分钟）	疑	一、内容相同的两张原始凭证有什么区别？ 二、不同联次分别归属哪个单位？ 三、不同联次原始凭证所属类别相同吗？	展示6张有代表性的关联原始凭证 引导学生比较其中差异性	学生观察6张相互关联且两两内容相同的原始凭证 出现疑惑：6张原始凭证内容两两相同，区别是什么？	电子教材查阅
	悟	领悟原始凭证在购销业务中的基本运用，了解不同联次原始凭证的使用	结合动画及原始凭证动态演示，解析企业的业务流程及其所涉及的原始凭证联次区别	观看动画，并通过翻阅原始凭证动态联次，理解企业的业务流程和不同联次原始凭证所代表的含义	链接资料：Flash演示购销业务 微课资料：不同联次动态展示与解读
实训拓展（35分钟）	实训	进行“原始凭证的识别”单项实训	发布实训任务，公布学生排名，并对错误率高的题目进行点评	学生独立完成，以通过关卡多且用时少者为优胜	实训平台单项实训
	融通	以会计证题库资源为基础进行在线测试	教师发布试题，查阅成绩，并且点评得分最低题目	学生独立完成测试	会计专业技术资格考试训练平台
	拓展	以案例引导学生识别复杂原始凭证	依据测试中一道难题展开：如何识别多张原始凭证的业务？	学生观察、思考，尝试着解读技能大赛真题中多张原始凭证业务	链接资料：“技能大赛真题”
总结评价（10分钟）	小结	认识原始凭证的重要性及作用，为后面课程做铺垫	回顾课前导学中的新闻，以及前期的微信投票结果，帮助同学认识原始凭证的重要性及作用	1.思考、总结本课程所收获的知识 2.观看视频及投票结果，加深认识原始凭证的重要性	微信公众平台：新闻回顾、投票结果显示
	评价	完成教学互评，了解教学情况	评学生：登记平台上的“实训任务测评成绩”“会计证练习成绩”	评教师：完成本节课在线问卷调查	电子邮件：交流互动、教学点评

解析教学设计：

（1）明确知识内容和性质

不管什么样的教学模式，最终都离不开实现教学目标，该部分内容是对原始凭证的认知。按教学大纲的目标是需要学生掌握原始凭证的概念，理解原始凭证的基本内容，明确原始凭证的分类，属于专业基础理论中有关概念性知识的学习。

（2）确立合理的教学策略

长期以来各高校习惯于采用传统的“传递-接受”式的教学模式，沿用“五段教学”法（激发学习动机—复习旧课—讲授新知—巩固运用—检查评价）来对理论知识进行教学。由于教材资源较少，学生对枯燥的教材知识又有抵触心理，传统的教学在培养学生认知和解读原始凭证的能力上一直比较欠缺，以致学生会做题，但不会做业务。

在信息化教学模式下，教师们可以解放思想，突破教材的局限性，通过信息化的方式充分调动学生的学习热情，提高学生的识别能力。在教学过程中，教师依据学生的认知特点，首先将比较复杂的教学内容细分成若干任务：一是原始凭证的概念解析；二是原始凭证的要素及简单解读；三是原始凭证的类别辨析及进一步解读。然后，教师通过“启发-探究”式教学法来消化知识点，依托多种信息化资源和平台，根据“观、思、辨、疑、悟”的教学思路，把握重点，突破难点。

（3）搜集素材并巧妙组织

教师需要有教学策略和思路的指导，也需要有相关的素材和信息化的展现方式。教师需要在课前大量地搜集相关素材，然后归纳整理，并运用恰当的展现形式。例如，在导学环节，教师通过微信平台发布生动的新闻视频、案例及问卷调查的方式来吸引学生的关注并产生引导作用。

教师在分解任务时以学生自己收集的生活票据为切入点，更能让学生产生亲切感，觉得学习的知识是与生活息息相关的，教师能够更容易、顺畅地组织教学内容。教师让学生自己观察-归纳原始凭证的基本内容要比直接灌输更能培养学生的学习自主性、观察分析能力。在通过递进式思考问题的任务二中，教师引导学生小组集体探讨，自主查阅信息并处理，大胆自信地在课堂上发表言论、阐述观点。这样既锻炼了学生探究式学习的能力和表达能力，又培养了学生的合作意识。

任务三的辨析设计则体现了教师的精心设计和专业的教学素养。相似却并不完全相同的原始凭证究竟区别在哪里？如何攻克这一难点而让学生更上一层楼？这时，教师可以通过三维动画的播放再现业务场景，让学生明白业务的来龙去脉，了解不同联次原始凭证归属的不同所产生的区别，这是通过语言所不能达到的领悟效果。

（4）积极提升信息化素养

信息化教学能力是当代教师所需具备的。教师的信息化教学能力具体体现在两个方面：一是教师将教学内容与信息技术融合的能力；二是教师采用信息化手段驾驭课堂的能力。在此实例中，教师在课前下了很大的功夫来提升信息化的能力，如以团队方式开发了基于安卓系统的“基础会计云课堂”App，依托该应用程序整合票据超市、技能大赛真题、会计证题库等资源，重点开发了电子教材、实训系统、在线测试、交流互动4个模块，并采用了三维动画、微视频、微课和PPT等方式在课堂中呈现，获得了较好的教学效果。

第8章　沈阳大学会计学特色教育的实施效果与应用价值

8.1　沈阳大学会计学特色教育的实施效果

8.1.1　专业建设成果

根据会计学专业实践和培养目标的相关要求，沈阳大学构建了主干课专业、专业基础课和实际应用三大部分的实验模块，形成三个层次的实践能力训练体系：基本专业能力训练、核心专业能力训练、综合决策与创新能力训练。

（1）师资队伍建设

沈阳大学引进学术骨干和学科带头人，提高科研团队的创新精神，整合科研梯队的学术力量。学校鼓励各科老师积极融入社会，提高教师的实践教学能力，尤其是对青年教师，应适当进行阶段性的学习和实践锻炼。同时，学校应该记录教师实践学习的时间，并计算工作量，将其折合成一定的课时，给予相应的资金鼓励。此外，学校可以通过与校外实习基地签订实习协议，对教师进行校外挂职或兼职锻炼，培养教师的实习兴趣，深入了解实践教学与研究理论的差异，并对外聘教师的实践能力与教学能力有相关要求。学校可以要求专业会计教师每年有不少于两个月的企业实践经历，将这些实践经历融入教学授课环节，在增加自身实践经历的同时拓宽学生的实践视野；每年有计划地选送教师到国内教学水平高、专业特色突出的院校进行访问、学术交流。

沈阳大学通过业绩量化等措施鼓励教师加强教学和科研的积累，不断提高教师的业务水平。工商管理学院3年内新增教授2人、教授级高级会计师1人、副教授1人、校教学名师1人、辽宁省教学名师2人，新增上市公司独立董事1人，考取上市公司独立董事资格2人，选派1人到国外做访问学者；3年内共引进青年教师3人；3人考取了博士研究生；选送青年教师38人次参加ACCA、中国会计学会、国家会计学院、其他高校举办的学术会议和专业培训；通过减免工作量等措施鼓励青年教师深入企事业单位实习半年以上，使青年教师全部具备了实际工作经验。会计学专业化的实践教学和实践导师团队为辽宁省普通高等学校会计学优秀教学团队。沈阳大学是辽宁省会计学会副会长单位、东北三省及内蒙古地区高校会计教师联合会副理事长单位、沈阳市总会计师协会副会长单位。

（2）实训基地建设

应用型会计人才对学生的实践能力有较高的要求，其培养重点是拉近学生与管理环境和会计实务的距离。沈阳大学依据实践的实现形式设计了课内实践、课外实践与企业实践3种模式，使教学实践环节体现出多样性和层次性，实现实践教学模式的创新。课内实践采取单项实验与综合实验相结合的方式，有助于学生熟悉会计流程，激发学生的学习主动性与积极性。课外实践主要采取参加大学生创新创业竞赛等课外实践活动，培养学生创新创业意识和团队协作精神。企业实践主要采取到实习基地企业熟悉会计业务流程、专业知识运用锻炼，培养学生的实际动手能力，提高学生的就业水平。

沈阳大学会计学专业现有 2 个会计学专业实训室、1 个仿真会计模拟实训室。仿真会计模拟实训室应该具备接近真实和完善的财务环境，通过模拟企业的经营，分设多个会计岗位，诸如出纳、成本费用核算会计、财产物资核算会计、会计主管、财务经理等，并为学生轮流安排不同的岗位，使学生可在实验室内进行不同类型企业的财务部门的内部岗位分工，感受会计的“一人一岗”“一人多岗”“不相容职务相分离”等会计岗位要求；可聘请一批会计行业专家作为兼职教师指导学生实践，使学生能真正掌握实践技能。

沈阳大学在校外建立了稳定的实习基地，先后与华晨宝马、机床集团、瑞华会计师事务所等 23 家单位签订实训基地协议，联合培养学生。2014—2017 年，学校在原有的 19 家会计学实践基地基础上，增加 4 家实习基地。学校利用实习基地对学生实行基地化、集约化的实习与训练，每年为 20 多名学生提供实习岗位。学生在校外实习期间，校内导师应到该实习单位了解学生的实际情况，与校外导师积极进行讨论，商定论文选题、开题事宜。这一过程不仅增强了学生处理实际问题的能力，还增强了学生的职业判断能力，对学生良好职业人格的塑造起到了重要作用。

8.1.2 教学与科研成果

（1）课程建设方面

沈阳大学培养优秀的课程带头人，实行专业课课程负责人制度。工商管理学院的专业建设经费支持精品课程建设。学院建立了课程组，以精品课为主导，带动课程组其他课程的发展，建设课程，培育教师。课程负责人组织该门课程的具体建设工作，包括选用、编写教材，修订教学大纲、考试大纲等。

学校应该根据自身会计学专业的特点，制定专业的基本建设目标，合理安排专业和学科基础、基础课程和专业课程、理论与实践教学的比例，建立结构合理、具有实际意义的课程体系。工商管理学院建成1门国家级精品课（财务会计）、4门省级精品课（会计学基础、中级财务会计、会计电算化、财务会计（英语））、1门校级精品课（高级财务会计）、1门省级示范课（会计学基础）、1门全国地方高校慕课（基础会计）、1门省级精品资源共享课（基础会计）、1门校级精品资源共享课（高级财务会计）。同时，沈阳大学完善了学校的精品课程网站，提高网站的使用效率，从而形成“国家、省、校”3级精品课程体系。

（2）教材编写方面

为了融入产业转型升级和创新驱动发展，把办学思路真正转到服务辽宁社会经济发展上来，沈阳大学会计学专业始终选择适合应用型本科教学的教材，积极开展应用型本科教材的编写，丰富教学内容，完善教材体系，加强教材建设。学校严格规定教材编写、选用和审核的制度，教材的选用倾向于省级及以上的获奖教材、“十一五”“十二五”规划教材，以及面向21世纪教材；杜绝低水平教材进入课堂，为专业教学质量提供保障。同时，沈阳大学积极组织编写或更新教材，工商学院先后在科学出版社、东北财经大学出版社等编写出版了16部适合沈阳大学教学实际的教材；专业基础课和专业课使用2014—2017年出版的教材的比例达95%，使用国家推荐教材的比例达90%以上；重新编写了《会计学基础》《高级财务会计》《中级财务会计》《会计信息系统》《会计综合模拟实训》教材；国际会计方向班全部使用ACCA原版英文教材，并配合会计学专业（国际会计方向）人才培养目标编写一整套适应国际化、信息化、应用型会计人才要求的实训教材。

（3）教改论文

教学内容的改革应及时推陈出新，摒弃陈旧落后的内容，向学生传达新理念、新信息及新知识，培养学生的现代创业理念，使学生适应新时期会计人才培养的新要求。工商管理学院的教师在期刊上发表了《沈阳大学应用型国际人才培养的探索与实践》《会计人力资源能力结构分析》等10多篇相关教改论文，撰写和发表多篇学术论文。学院会计系积极组织教师培养学生撰写论文的能力，使学生更顺利地撰写学年论文和毕业论文。学院鼓励学生积极进行发明创造，申请专利保护，特别是学习专利申请流程和文件誊写，将专利与会计无形资产结合起来。

8.1.3 学生获奖成果

自2012年开始沈阳大学在《教师职务聘任量化办法》中分别将指导学生创新创业活动获奖、指导学生创新创业训练项目等作为教师量化考核的计分项目。从2015级学生开始，会计学专业在总学分中增加6学分的创新创业教育学分，理论和实践各有3学分。2014—2018年，会计学专业学生的创新创业教育成果显著增多。

2014年至2018年5月，学院获国家级创新创业训练项目1项、省级创新创业训练项目5项、沈阳大学创新创业训练项目10项；获国家级创业大赛一等奖1项，省级创业大赛一等奖1项、二等奖3项，获沈阳大学创业大赛二等奖2项、三等奖3项。ACCA方向班学生参加就业力大比拼比赛，晋级北方地区八强；2013级会计学专业学生组成的代表队获2016年大学生财务决策大赛东北赛区三等奖。学院的学生参与教师的科研课题累计60多项，为企业提供的管理咨询服务达到30多项，在会计师事务所的鉴证服务实习达到400多人次。会计学专业共有辽宁省优秀毕业生16名、三好学生4名、优秀学生干部4名；在辽宁省普通高校学生毕业论文评比中获得第一名；12个班级荣获沈阳大学优秀班级等荣誉称号；200多人次获沈阳大学各等级奖学金；20多人次获沈阳大学三好学生荣誉称号；30多人次获沈阳大学优秀学生干部荣誉称号。

8.1.4 社会评价

会计学专业毕业生的就业质量是沈阳大学毕业生培养质量评价的具体反映。沈阳大学根据社会需求调整专业设置，深化会计学专业教育教学改革，使会计学专业的学科建设、人才培养与社会经济发展的需求协调统一，努力提高会计学专业人才的培养质量，使毕业生不仅具有坚实的会计学专业理论基础和会计学实务操作能力，同时具有熟练过硬的会计学法律、税务法规等法律基础，以及良好的职业道德、待人接物水平。为了加强与毕业生就业单位的交流合作，拓宽招生就业渠道，客观反映沈阳大学目前的会计学专业的毕业生素质和社会声誉，沈阳大学具体通过以下几种措施来了解和掌握用人单位对沈阳大学会计学专业毕业生培养质量的评价：

（1）社会成员对毕业生培养质量评价的方式

①用人单位对毕业生的评价调查。

沈阳大学每年进行一次用人单位对毕业生的评价调查，了解会计学专业毕业生的就业状况、工作质量和用人单位的需求。调查的方式主要有：对用人单位主管进行电话采访，与用人单位进行沟通，对会计学专业毕业生的培养质量进行反馈调查，并填写问卷。通过调查，学校全面了解用人单位对会计学专业毕业生的培养质量、综合素质、会计学专业技能及专业知识的评价，及时掌握学生的具体工作情况，了解毕业生的岗位胜任能力、学习能力以及就业情况。反馈调查表在一定程度上反映了沈阳大学会计学专业毕业生较高的培养质量。

②走访用人单位，召开座谈会。

学校在每年对毕业生进行一次跟踪调查的同时，也走访部分用人单位，召开用人单位座谈会，了解用人单位对会计学专业毕业生培养质量、职业意识以及会计学专业基础知识等方面的需求层次，以便及时调整课程设置、教学内容和教学方法，始终保持学校教学同用人单位的实际工作需求的一致性，培养真正满足社会需要的高水平的应用型人才。

③对会计学专业毕业生的就业率进行分析。

通过分析会计学专业毕业生的就业率，学校对毕业生培养质量进行评价。学校通过深化教育教学改革，不断提高对毕业生培养质量的要求，积极拓宽毕业生的就业渠道，不断进行专业调整力度，促进了学校毕业生平稳、顺利就业。2014—2018 年，沈阳大学会计学专业毕业生的就业率从 2014 年的 92.3% 上升到 2018 年的 95.2%，保持了逐年稳中有升。

④对会计学专业学生高考入学分数进行分析。

通过对会计学专业学生高考入学分数的分析，学校可以了解社会成员对本校会计学专业培养质量的认可程度。会计学专业学生的高考入学分数是会计学专业培养质量的具体反映。沈阳大学根据社会需求进行会计学专业教育教学改革，使会计学专业学科建设、人才培养与社会经济发展需求协调统一，努力提高会计学专业人才的培养质量。近些年来，沈阳大学会计学专业学生的高考入学分数呈现逐年稳中有升的趋势，并且保持了 10 年的第一自愿 100% 的录取率，这在一定程度上说明了社会成员对毕业生培养质量的认可度。

（2）社会成员对毕业生培养质量的评价

①会计学专业毕业生的专业知识和专业技能水平较高。

用人单位对沈阳大学会计学专业毕业生的会计学专业知识和会计学实务操作水平给予较高评价。学校会计学专业毕业生与其他学校毕业生相比较，专业基础知识更扎实，具体的会计学实务操作能力更强，这与学校在教学过程中注重会计学基础理论教学和强化会计学实训密切相关，能够使毕业生走上会计学工作岗位就顺利完成会计岗位的具体工作。

②会计学专业毕业生具备较强的法律意识和良好的会计职业道德。

沈阳大学会计学专业毕业生在实际工作岗位具有良好的适应环境能力、人际交往能力、高度的工作责任感、较强的奉献精神和敬业精神，深受用人单位的重视。在教学过程中，学校非常重视对会计学专业学生在会计道德情操培养、理想信念和价值观方面的教育。社会成员对沈阳大学会计学专业毕业生的良好评价也是对学校努力提高人才培养质量工作的肯定和认可。

③评价结果反馈的不足之处。

有部分用人单位提出沈阳大学会计学专业毕业生的培养质量存在一定的欠缺之处，具体体现在：毕业生的综合素质、会计国际化程度和英语水平、会计信息化方面的能力有待进一步提高。针对这种情况，学院对会计学专业的相关培养目标定位、相关教学计划进行调整。今后，学校将继续与用人单位沟通，根据社会需求不断完善和提高会计学专业的人才培养质量。

8.2 沈阳大学会计学特色教育的应用价值与社会贡献

8.2.1 应用价值

沈阳大学会计学特色教育项目是基于学校的生源与办学实际，面向地方性大学而进行的会计学特色专业建设的研究与实践，以期为地方性大学的会计学特色专业建设提供借鉴和指导；同时适应教育部地方性大学向应用技术型、职业教育型转型的大方向和要求，培养出高质量的应用型会计人才，服务于辽宁地区的经济建设。

会计学特色指的是会计学专业在人才培养方案、办学定位、人才培养质量、师资队伍建设、教育教学等方面已形成独有的特征，且享有较高的社会认可度和声誉。目前，开展会计学特色专业建设对地方性大学有着十分重要的影响。

（1）满足社会发展的客观需要

在市场经济条件下，国际联系日趋紧密，企业经营竞争日益激烈，各种情况的不确定性不断增强，急需引入大量职业能力强、综合素质高的会计人才。尽管如此，地方性大学依然忽视特定情境中知识的具体应用，只注重理论知识的传授，不能及时调整与社会需求相适应的会计人才培养模式，使会计学专业的学生无法适应时代发展的需求，难以找到合适的工作岗位。因此，对于会计学这个技术性与实用性极强的专业来说，如何培养满足社会需求的会计人才是地方性大学亟待解决的问题。建设具有院校特色的会计学专业，有利于会计学专业教学改革的深化与创新，满足社会需求，进一步促进社会需求及人才培养之间的联系，增强会计学专业的培养质量，提高学校毕业生的就业竞争能力。

（2）提升专业的核心竞争力和专业价值

近年来，随着报考会计学专业学生人数的不断增加，会计学专业之间的竞争在各高校中也日趋激烈。面对这样严峻的实际情况，地方性大学为了会计学专业的生存和持续发展，应提升专业的核心竞争力和专业价值。由于地方性大学是会计人才培养的重要载体，所以提高会计人才的培养质量，使其受到社会的认同与赞誉，将有利于提高用人单位对会计学专业办学的认可程度，提升专业的核心竞争力和专业价值。这样就会在提高会计学专业生源质量、保障会计学专业毕业生就业的同时，改善会计人才培养的实际效果。会计学特色专业建设是会计人才培养的一种保障及创新，是反映院校竞争力和办学水平的重要指标，也是会计人才培养质量提高的主要前提。会计学特色专业建设有助于地方性大学提高会计人才培养质量，进一步根据市场需求调整专业教学内容，提升专业建设的整体水平、专业在国内外的核心竞争力和专业价值。

（3）实现学生自身价值的需要

会计人才自身价值的提升主要体现在三个方面：自身道德的形成、能力的培养、知识的获取。为了使会计学专业学生在未来的社会发展中发挥自己的作用，必须具备相应的道德、能力和知识。但是，我国会计学专业的教学并不注重实现学生的自身价值，而是按部就班地根据教材内容向学生讲授课本知识，把教育重点放在完成教学任务上，培养的学生难以适应新时代和新环境。地方性大学通过建设会计学特色专业，多环节、多层次、全方位地培育会计学专业学生，从而完成社会需求与会计人才培养之间的相互对应，使学生在社会上获得更多的回报，实现自身价值的最大化。

基于沈阳大学会计学特色专业建设的总体目标，学校还提出了办学国际化、教学双语化、人才市场化、管理规范化的“四化”具体目标。

①办学国际化。学校加大国际合作办学的力度，实现专业教育国际化。学校通过与国际知名高校的合作、更新教学课程体系、提升教学水平，帮助学生打开认识世界的窗户，为学生参与国际竞争提供机遇。

②教学双语化。要与国际接轨，培养具有综合素质的国际化人才，学校必须努力实现所有课程的教学为双语授课，强调双语教学的重要性。

③人才市场化。会计学专业学生毕业后，就业面宽，在各类会计师事务所、企事业单位等工作，受到各类人士及单位的普遍欢迎。今后在培养目标上，学校除了要继续加强国际化的办学方向，

也要以市场为导向，培养更多适应市场需求、满足经济全球化需要的国际综合型人才。

④管理规范化。学校在培养方案的制订、教师队伍的管理、学生日常的管理、教学实践的强化、考试与毕业论文写作等各个方面都要实现规范化管理，开发相关软件，充分利用大数据分析技术，提高会计管理工作的效率，制定具体的操作规范，并根据实际情况不断修正，使软件及其规范符合不同时期的管理需求。

8.2.2 社会贡献

地方性大学要在对会计工作岗位、工作任务、工作过程、岗位技能分析的基础上，创新并实践高校教育教学规律的人才培养模式，与行业建立紧密的人才合作培养机制。在此基础上，学校要根据用人单位与在校生的双向选择，建立人才与就业的绿色通道。在沈阳大学，校企联合培养具体体现为与用友、金蝶、创维集团等14家企业建立长期稳定的合作机制，并制定了相关的保障措施，企业参与学生培养过程，实现培养和就业无缝式链接。

沈阳大学的会计学专业在辽宁省教育厅2012年普通高等学校综合评价过程中，在30余所高校中排名第二，说明沈阳大学的会计学专业在地区具有较高的声誉。

沈阳大学会计学特色教育的实施效果如下：

①毕业生就业率逐年提高。沈阳大学会计学专业毕业生就业率从2014年的92.3%上升2018年的95.2%。通过对毕业生的追踪调查，学生对会计职业和母校会计学专业的教育满意度高。

②毕业生考取研究生的人数逐年增加。2014—2018年有50多名沈阳大学会计学专业的毕业生考取中国人民大学、山东大学、东北大学、东北财经大学、辽宁大学、中国海洋大学等高校的硕士研

究生。

③根据对 2014—2018 年毕业生就业情况的跟踪调查结果，86% 的毕业生在不同行业、部门从事财务会计工作。

④优秀毕业生就职于政府机构、事业单位、会计师事务所、企业的财会部门并任重要职务。

沈阳大学的会计学专业毕业生的就业单位包括政府机关、社会团体、军队、银行、企业、事业单位等，就业渠道逐年拓宽，就业层次逐年提高，就业率逐年稳中有升，毕业生得到用人单位的充分认可，在所服务的企业、行业中具有较高的声誉。

主要参考文献

[1] 徐虹，林钟高．行业特色高校会计本科专业教育目标研究［J］．西华大学学报：哲学社会科学版，2008，27（4）：82-89.

[2] 杨鸣．地方性高校的特色办学之路［J］．中国电力教育，2011（22）：9-11.

[3] 方光正，王璐．本科会计学专业实施特色教育的必要性和可行性研究［J］．中原工学院学报，2013（6）：16-18.

[4] 周道，彭铁光．国际商务专业群建设研究与实践［J］．武汉商学院学报，2016，30（3）：91-93.

[5] 池国华．企业内部控制规范实施机制构建：战略导向与系统整合［J］．会计研究，2009（9）：66-71.

[6] 杜丹．“应用型、职业性”本科会计人才培养模式研究［J］．教育论坛，2013（5）：188-192.

[7] 金永利，李晓清，秦留志．辽宁省会计人才现状及需求分析［J］．商业会计，2015（7）：123-125.

[8] 梁毕明，卢相君．地方高校会计学国家级特色专业建设和发展研

究——以吉林财经大学为例［J］. 会计之友，2013（2）：34-36.

［9］ 丁谦，孙金洲，孙建，等. 论地方院校品牌专业和特色专业的软实力［J］. 技术经济与管理研究，2010（1）：85-87.

［10］ 申江，姜树余，臧润清. 地方高校特色专业建设与实践［J］. 中国电力教育，2010（33）：37-39.

［11］ 隋秀英. 国家级特色专业建设和发展研究［J］. 辽宁师范大学学报：社会科学版，2011（5）：66-68.

［12］ 尹德洪. 经济学国家级特色专业建设的探索与实践研究［J］. 中国集体经济，2010（1）：178-179.